Thomas Keating

Kontemplation und Gottesdienst

THOMAS KEATING

Kontemplation und Gottesdienst

Liturgie als spirituelle Erfahrung

Mit einem Vorwort von P. Fidelis Ruppert OSB

Deutsch von Ulrike Strerath-Bolz

Vier-Türme-Verlag

Bibliographische Information der Deutschen Nationalbibliothek
Die Deutsche Nationalbibliothek verzeichnet diese Publikation in der Deutschen Nationalbibliographie. Detaillierte bibliographische Daten sind im Internet über http://dnb.d-nb.de abrufbar.

MIX
Papier aus verantwortungsvollen Quellen
FSC® C014889
FSC
www.fsc.org

1. Auflage 2012

Deutsche Ausgabe des Originaltitels

Thomas Keating
The mystery of Christ – The liturgy as spiritual expercience

erschienen bei

Continuum International Publishing Group Inc
80 Maiden Lane, New York, NY 10038
Continuum International Publishing Group Ltd
The Tower Building, 11 York Road, London SE1 7NX
www.continuumbooks.com

ISBN 0-8264-0697-1

Lektorat: Annette Nau
Umschlagmotiv und -gestaltung: Morian & Bayer-Eynck, www.mbedesign.de
Druck und Bindung: Friedrich Pustet KG, Regensburg
ISBN 978-3-89680-813-4

www.vier-tuerme-verlag.de

Inhalt

Vorwort

Mit dem vorliegenden Buch veröffentlicht der Vier-Türme-Verlag bereits das dritte Werk von Thomas Keating, einem ehemaligen Trappistenabt in den USA.

Von den vielen Veröffentlichungen Thomas Keatings sind diese drei Werke sozusagen die Standardwerke, die gelegentlich auch in einem einzigen Band veröffentlicht werden, um anzuzeigen, dass diese drei gemeinsam die Grundlagen seiner Erfahrung und seiner Lehre bilden.[1]

Im ersten Band mit dem Titel »Gebet der Sammlung«[2] erläutert Thomas Keating die Methode des Centering Prayer, des Gebets der Sammlung. Es geht dabei um einen kontemplativen Weg des Schweigens, der sich aus den Erfahrungen der christlichen Tradition speist und eng mit der Heiligen Schrift verbunden ist. Außerdem gibt der Autor ausführliche Hinweise, wie man mit den lästigen und belästigenden Gedanken umgehen kann, die sich beim Schweigen störend ins Bewusstsein drängen.

---

1 Foundations for Centering Prayer and the Christian Contemplative Life, New York 2009.

2 Münsterschwarzach 2010.

Im zweiten Band mit dem Titel »Das kontemplative Gebet«[3] legt Thomas Keating dar, wie die Methode des Gebets der Sammlung mit verschiedenen kontemplativen Strömungen der christlichen Tradition zusammenhängt und wie diese Traditionen mit den Problemen, die auf dem geistlichen Weg auftauchen, umgegangen sind.

Breiten Raum nimmt dabei die Beschäftigung mit den Prägungen und Verhaltensmustern ein, die auf dem Weg des Schweigens besonders deutlich zutage treten und das Fortschreiten auf dem geistlichen Weg behindern. Thomas Keating zeigt, wie sich schon der Einsiedler Antonius mit diesen Prägungen und Verhaltensmustern auseinandersetzen musste, ebenso wie Johannes vom Kreuz und viele andere Meister und Meisterinnen des geistlichen Lebens.

Thomas Keating verbindet diese Erfahrungen aus der christlichen Tradition mit Erkenntnissen der modernen Entwicklungspsychologie, die sich mit dem Entstehen frühkindlicher Prägungen und deren Überwindung befasst.

Es gelingt ihm, daraus sehr praktische Hinweise für den Alltag zu formulieren. Dabei erzählt er immer wieder von eigenen Erfahrungen und weiß auch mit viel Humor über seine Unzulänglichkeiten zu berichten. Gerade der gesunde Humor, der in diesem Buch immer wieder durchscheint, macht es besonders überzeugend.

Der dritte, hier nun vorliegende Band befasst sich mit den Wechselwirkungen von Liturgie und kontemplativem Weg. Das ist ein Thema, das in der Literatur nicht häufig aufscheint.

Dass das Thema aber hier bei Thomas Keating ausführlich zu Wort kommt, muss nicht verwundern, denn Thomas Keating lebt seit vielen Jahrzehnten in einem Trappistenkloster, das in der benediktinischen Tradition steht und stark von gemeinsamer Litur-

---

[3] Münsterschwarzach 2012.

gie geprägt ist. Er weiß aus Erfahrung, wie sehr das kontemplative Gebet sein Erleben der Liturgie vertieft hat und umgekehrt.

Die Feier der Eucharistie ist für ihn das Zentrum, weil dort Jesus Christus in besonderer Weise gegenwärtig wird: der menschgewordene, gekreuzigte, auferstandene und wiederkommende Christus, in dessen Gestalt jeder Christ hineinwachsen soll. Was hier sozusagen in konzentrierter Form gefeiert wird, entfaltet sich dann in den verschiedensten Aspekten und Facetten im Laufe des Kirchenjahres und seiner Feste. Dabei spielt die Erfahrung der Rituale eine Rolle, von der die Liturgie voll ist. Wenn sie nicht routinemäßig und oberflächlich vollzogen werden, sondern wach und achtsam und gläubig, öffnen sie einen leibhaften, ganzheitlichen Zugang zum innersten Geheimnis der Liturgie, zur lebendigen Gegenwart des erlösenden und heilenden Gottes.

Die Heilige Schrift ist fester Bestandteil der Liturgie, und sie begleitet und deutet das liturgische Geschehen. Für viele Christen sind die Texte der Heiligen Schrift oft schwer verständlich oder werden nur oberflächlich erfasst. Wer aber Lesung der Schrift mit kontemplativem Beten verbindet, wie Thomas Keating es aufzeigt, der wird diese Texte immer tiefer verstehen. Schweigen ist ein wichtiger Schlüssel zum tieferen Verstehen von Schrift und Liturgie. Es gelingt Thomas Keating immer wieder, anhand der jeweiligen Schrifttexte den tieferen, mystischen Sinn der liturgischen Feste zu entschlüsseln und das innerste Geheimnis erahnen zu lassen.

Viele Menschen, die einen kontemplativen Weg gehen, können mit unserer Liturgie nicht viel anfangen, weil sie ihnen zu worthaft und oft auch zu oberflächlich ist. Andererseits können viele Menschen, die die Liturgie schätzen, mit dem Weg des Schweigens wenig anfangen. Thomas Keating zeigt hier Wege, wie kontemplatives Beten, Heilige Schrift und Liturgie sich gegenseitig durchdringen und befruchten können.

Leider geht Thomas Keating nicht auf das Chorgebet und den liturgischen Gesang ein, wohl weil die Menschen, zu denen er normalerweise spricht, vor allem die Eucharistie, aber nicht den Vollzug des Stundengebetes kennen. Trotzdem könnten auch von dorther wichtige Impulse für Kontemplation und Liturgie kommen.[4]

Münsterschwarzach, Mai 2012 *P. Fidelis Ruppert OSB*

1982–2006 ABT VON MÜNSTERSCHWARZACH

---

[4] Vgl. dazu Anselm Grün, Chorgebet und Kontemplation (Münsterschwarzacher Kleinschriften, Band 50), Münsterschwarzach 2002.

Einführung

Christliche Spiritualität und Theologie sind nicht voneinander zu trennen; Gott hat sie unauflöslich miteinander verbunden. In der Liturgie verkörpert und manifestiert sich diese lebendige Einheit. Ihr Sinn besteht in erster Linie darin, den »Geist Christi« (1 Kor 2,16) zu übermitteln, das Bewusstsein jener letztgültigen Wirklichkeit namens Abba, die Jesus verkörperte, nämlich Gottes unendliches Mitgefühl. »Abba« ist zur gleichen Zeit vollkommen transzendent und vollkommen eingenommen von der Wirklichkeit des Menschen. Wer mit angemessener Vorbereitung und dem richtigen Verständnis an der Liturgie teilnimmt, kann diese Erfahrung Gottes in steigendem Maße machen.

Dies kann durch Einsicht in das Geheimnis Christi geschehen, durch ein Einströmen göttlicher Liebe oder durch beides zugleich. Es kann aber auch jenseits jeder psychologischen Wahrnehmung in der Verborgenheit und Unmittelbarkeit des reinen Glaubens stattfinden. Im zweiten Fall erkennen wir es nur an den Früchten, die es in unserem Leben trägt. Wie auch immer sich das Geheimnis Christi uns erschließen mag, es wird stets als reines Geschenk und als Gnade erlebt. Im Kontext des Geheimnisses Christi und unserer Wahrnehmung erleben wir Gnade als Gegenwart und Handeln Christi, nicht nur in den Sakramenten der Kirche und im Gebet, sondern auch in unserem täglichen Leben.

Das kontemplative Gebet ist die ideale Vorbereitung für die Liturgie. Richtig verstandene und praktizierte Liturgie wiederum nährt das kontemplative Gebet. Gemeinsam fördern sie den fortschreitenden Prozess der Verwandlung, zu dem uns das Evangelium aufruft. Sie wecken in uns die Erkenntnis, dass wir selbst als Glieder am Leib Christi es sind, die den Unterschied zu jener Neuen Schöpfung ausmachen, die mit der Auferstehung und Himmelfahrt Christi begann.

In den Seminaren, bei denen die folgenden Vorträge gehalten wurden, waren vier bis fünf Stunden am Tag dem gemeinsamen kontemplativen Gebet gewidmet, und zwar in der Gestalt des Gebets der Sammlung. Das gemeinsame kontemplative Gebet schenkt uns ein starkes Erlebnis der Einheit und ist gleichzeitig eine zutiefst liturgische Form. Die tägliche Praxis des kontemplativen Gebets, sei es in einer Gemeinschaft oder allein, schärft die Fähigkeit, auf das Wort Gottes zu hören und dabei immer tiefere und empfänglichere Schichten der Aufmerksamkeit zu erreichen. Wenn das Wort Gottes in Form der Heiligen Schrift und der Sakramente sich den Weg durch unsere Sinne und unseren Wahrnehmungsapparat bahnt und in unsere Intuition eindringt, werden enorme Energien des Heiligen Geistes frei, und unser Bewusstsein verwandelt sich allmählich in den Geist Christi.

Einige Begriffe bedürfen möglicherweise der Erklärung. Das griechische Wort »mysterion«, lateinisch »sacramentum«, kann entweder mit »Geheimnis« oder mit »Sakrament« ins Deutsche übersetzt werden. Im Kontext der Liturgie besitzen diese beiden Worte aber die gleiche Bedeutung, denn sie beziehen sich auf ein heiliges Zeichen oder Symbol – eine Person, einen Ort oder eine Sache – einer geistlichen Wirklichkeit, die sowohl die sinnliche Wahrnehmung als auch die rationalen Vorstellungen übersteigt.

Das historische Leben und Handeln des Jesus von Nazaret sind Zeichen für die Gegenwart des ewigen Wortes Gottes, mit dem seine Schöpfung, die Menschheit, untrennbar verbunden war. *Dass* diese Vereinigung tatsächlich stattgefunden hat, ist der wichtigste Inhalt des christlichen Glaubens. *Wie* sie stattgefunden hat, das bezeichnen wir als das Geheimnis der Inkarnation, der Fleischwerdung Christi. Wenn wir von den »Mysterien« Christi sprechen, beziehen wir uns auf sein Rettungswerk, vor allem auf seine Passion, seinen Tod und seine Auferstehung, und auf die Sakramente, die sein Tun durch das Handeln der Kirche bis in unsere Zeit fortsetzen. Dieses sichtbare, wahrnehmbare Handeln besteht in Zeichen, die seine Gegenwart und sein Wirken hier und heute sichtbar enthalten. Wann und wo immer Jesu Wirken stattfindet, wird göttliches Leben weitergegeben.

Die Macht des Rituals

> *Sie sagte sich: Wenn ich auch nur sein Gewand berühre, werde ich geheilt. Sofort hörte die Blutung auf und sie spürte deutlich, dass sie von ihrem Leiden geheilt war. Im selben Augenblick fühlte Jesus, dass eine Kraft von ihm ausströmte, und er wandte sich in dem Gedränge um und fragte: Wer hat mein Gewand berührt? Seine Jünger sagten zu ihm: Du siehst doch, wie sich die Leute um dich drängen, und da fragst du: Wer hat mich berührt? Er blickte umher, um zu sehen, wer es getan hatte. Da kam die Frau, zitternd vor Furcht, weil sie wusste, was mit ihr geschehen war; sie fiel vor ihm nieder und sagte ihm die ganze Wahrheit. Er aber sagte zu ihr: Meine Tochter, dein Glaube hat dir geholfen. Geh in Frieden! Du sollst von deinem Leiden geheilt sein. Während Jesus noch redete, kamen Leute, die zum Haus des Synagogenvorstehers gehörten, und sagten (zu*

Jaïrus): Deine Tochter ist gestorben. Warum bemühst du den Meister noch länger? (Mk 5,28–35)

Die Frau, die an Blutungen litt, war Teil einer riesigen Menschenmenge, die Jesus bedrängte. An diesem Ereignis sehen wir, welch große Kraft das Ritual hat. Rituale sind Symbole, Gesten, Worte, Orte und Dinge, die eine heilige Bedeutung haben. Sie sind die Kleider Gottes, könnte man sagen, getränkt mit seiner heilenden Kraft. Natürlich trägt Gott keine Kleider. Jesus, der menschgewordene Sohn Gottes, trug aber Kleider, und durch die Berührung seines Saums wurde die Frau, die so lange unter einer Krankheit gelitten hatte, wieder gesund.

Es gibt eine faszinierende Analogie zwischen ihrem demütigen Glauben und dem, was wir in der Liturgie tun. Man beachte, dass eine heilende Kraft von Jesus ausging, als die Frau seine Kleider berührte. Die heilende Kraft geht von Christus aus, wenn wir heilige Rituale im Glauben vollziehen. Dann klopfen wir an die Tür seiner heilenden Kraft und offenbaren das Ausmaß unseres Glaubens. Natürlich können Rituale auch zur bloßen Routine verkommen. Dann müssen wir uns bemühen, unseren Glauben an ihre heilende Kraft wieder zu erneuern.

Es besteht auch die Gefahr, es durch eine exzessive Vermehrung von Riten mit dem Ritual zu übertreiben. Zu viele Gewandsäume behindern die Weitergabe heilender Kraft ebenso wie zu wenige. Im klugen, diskreten Vollzug des Rituals liegt seine Kraft. Heilige Riten haben nämlich ebenso wenig Kraft aus sich selbst heraus wie die Kleider, die Jesus trug. Sie umhüllen lediglich die Wirklichkeit. Um Jesus zu berühren, brauchen wir die Rituale nicht zu vermeiden oder zu umgehen, sondern müssen durch sie hindurch zu seiner Gegenwart vorstoßen. Das Ritual als Übung hat den Sinn, unsere Wahrnehmung für die Heiligkeit aller Wirklichkeit zu schärfen.

Der offizielle Gottesdienst der Kirche ist voll mit unterschiedlichen Ritualen. Und das liturgische Jahr ist das umfassendste und tiefste von ihnen. Es umkreist die drei großen theologischen Vorstellungen, die das Herzstück christlicher Offenbarung bilden: göttliches Licht, Leben und Liebe. Sie beschreiben die allmähliche Entfaltung dessen, was wir meinen, wenn wir von Gnade sprechen: Gottes großzügiges Teilen seines Seins mit uns. Jede dieser Vorstellungen bezieht sich auf göttliches Handeln auf einer bestimmten Ebene, einen bestimmten Aspekt göttlicher Selbstmitteilung. Sie alle sind in verdichteter Form in der Feier der Eucharistie enthalten. Im liturgischen Jahr werden sie entfaltet, damit wir sie nacheinander betrachten und verkosten können, um so immer besser die göttlichen Reichtümer kennen und verstehen zu lernen, die darin enthalten sind. Diese wunderbare Anordnung vergrößert ihrerseits die Kraft der Eucharistie, sie zu übermitteln. Das göttliche Licht wird als Weisheit erlebt, das göttliche Leben als Kraft und die göttliche Liebe als Verwandlung.

Das Mysterium Christi

Im Anfang war das Wort, und das Wort war bei Gott, und das Wort war Gott. Im Anfang war es bei Gott. Alles ist durch das Wort geworden und ohne das Wort wurde nichts, was geworden ist. In ihm war das Leben und das Leben war das Licht der Menschen. Und das Licht leuchtet in der Finsternis und die Finsternis hat es nicht erfasst. Es trat ein Mensch auf, der von Gott gesandt war; sein Name war Johannes. Er kam als Zeuge, um Zeugnis abzulegen für das Licht, damit alle durch ihn zum Glauben kommen. Er war nicht selbst das Licht, er sollte nur Zeugnis ablegen für das Licht. Das wahre Licht, das jeden Men-

schen erleuchtet, kam in die Welt. Er war in der Welt und die Welt ist durch ihn geworden, aber die Welt erkannte ihn nicht. Er kam in sein Eigentum, aber die Seinen nahmen ihn nicht auf. Allen aber, die ihn aufnahmen, gab er Macht, Kinder Gottes zu werden, allen, die an seinen Namen glauben, die nicht aus dem Blut, nicht aus dem Willen des Fleisches, nicht aus dem Willen des Mannes, sondern aus Gott geboren sind. Und das Wort ist Fleisch geworden und hat unter uns gewohnt und wir haben seine Herrlichkeit gesehen, die Herrlichkeit des einzigen Sohnes vom Vater, voll Gnade und Wahrheit. (Joh 1,1–14)

Der Prolog des Johannesevangeliums führt uns in den ewigen Plan Gottes ein, in dem Christus eine zentrale Stellung einnimmt. Das ewige Wort, das vollkommen entfaltete Schweigen des Vaters, ist in unsere Welt eingedrungen und hat sich als menschliches Wesen manifestiert. Mit seiner unendlichen Kraft hat das ewige Wort die ganze Menschheitsfamilie hineingenommen in seine göttliche Beziehung zum Vater.

Wir, die wir unvollständig, verwirrt und angefüllt mit den Folgen der Ursünde sind, bilden die Menschheitsfamilie, derer sich der Sohn Gottes angenommen hat. Die Initialzündung der Botschaft Jesu besteht darin, dass er uns zur Einheit mit Gott einlädt, dem einzigen Heilmittel für die Nöte der Menschen. Ohne die Erfahrung der Einheit mit Gott fühlen wir uns von uns selbst, von Gott, anderen Menschen und dem Universum entfremdet. Und aus dieser Entfremdung heraus suchen wir nach allerlei Ersatz für das Glück, das uns vorherbestimmt ist, von dem wir aber nicht wissen, wie wir es finden sollen.

Diese irregeleitete Suche nach dem Glück ist die menschliche Not, auf die das Evangelium antwortet. Das erste Wort, das Jesus ausspricht, als er mit seinem Wirken beginnt, lautet: »Kehrt um!«

oder »Tut Buße!« Damit ist gemeint: Ändert die Richtung, in der ihr nach dem Glück sucht. Ihr findet das Glück nicht in den Programmierungen aus eurer frühen Kindheit, die auf instinktiven Bedürfnissen beruhen: nach Überleben und Sicherheit, Zuneigung und Wertschätzung, Macht und Kontrolle über so viel Leben wie möglich. Diese Programme können in einem Erwachsenenleben unmöglich funktionieren, obwohl wir alle verzweifelt versuchen, sie zum Laufen zu bringen. Glück finden wir nur in der Vereinigung mit Gott, in der Erfahrung, die uns mit jedem anderen Mitglied der Menschheitsfamilie und mit der ganzen Wirklichkeit verbindet.

Diese Rückkehr zur Einheit ist die frohe Botschaft, die uns die Liturgie verkündet. Sie erreicht uns, wo immer wir sind. Sie verbindet sich mit unserem Dasein, mit all seinen Fähigkeiten und Möglichkeiten, mit all unserer Hingabe an unsere persönliche Entwicklung und die gemeinsame Entwicklung der Menschheit auf dem Weg zu höheren Stufen des Bewusstseins. Die reife Fülle dieses Entwicklungsprozesses nennt Paulus *Pleroma*. Die Liturgie ist das wichtigste Transportmittel für das göttliche Leben in Jesus Christus, dem Menschensohn. Als Jesus durch seine Auferstehung und Himmelfahrt in sein transhistorisches Leben eintrat, wurde die Liturgie zur Verlängerung seiner Menschlichkeit in der Zeit. Die Feste des liturgischen Jahres sind sozusagen die Kleider, die die verborgene Wirklichkeit sichtbar machen und in den sakramentalen Riten vermitteln.

Das liturgische Jahr entwickelte sich im Laufe der ersten vier Jahrhunderte unter dem Einfluss kontemplativer Visionen des Evangeliums, wie sie die Kirchenväter erlebten. Es stellt ein umfassendes Programm dar, das die Christenheit dazu befähigen soll, die besonderen Gnadengaben anzunehmen, die mit den wichtigsten Ereignissen im Leben Jesu verbunden sind. Paulus zufolge besteht der göttliche Plan darin, mit uns das Wissen des Vaters zu teilen, das von

Natur aus zum Wort Gottes gehört – und zu dem Menschen Jesus Christus, der mit dem Wort vereint war. Das Bewusstsein dafür kristallisiert sich in dem bemerkenswerten Namen »Abba« heraus, den wir mit »lieber Vater« übersetzen. »Abba« umfasst eine Beziehung voller Ehrfurcht, Zuneigung und Intimität. Jesu persönliche Erfahrung von Gott als Abba bildet das Herzstück jenes Mysteriums, das durch die Liturgie vermittelt wird. Das liturgische Jahr stellt uns die maximale Kommunikation dieses Bewusstseins zur Verfügung. Jedes Jahr präsentiert und vermittelt es die ganze Bandbreite des Mysteriums Christi und durchlebt es aufs Neue. Während dieser Vorgang sich jedes Jahr wiederholt, wachsen wir der Reife in Christus entgegen wie ein Baum, der immer neue Jahresringe ansetzt. Und in der Erweiterung unserer individuellen Glaubenserfahrung manifestiert sich die gemeinschaftliche Persönlichkeit der Neuen Schöpfung, die Paulus den »Leib Christi« nennt. Der Leib Christi – oder einfach »Christus« – ist für Paulus das Symbol für die Entfaltung der Menschheit zum Bewusstsein Christi, zur Erfahrung Christi als letzter Wirklichkeit, als *Abba*. Jeder von uns ist eine lebendige Zelle im Leib Christi und trägt zu diesem universellen Plan bei, indem er in Glauben und Liebe wächst und das gleiche Wachstum in anderen Menschen unterstützt. Daraus ergibt sich der ungeheure Wert der gemeinsamen Anbetung und der gemeinsamen Feier des Mysteriums Christi in einer Glaubensgemeinschaft.

Das gesamte Panorama der Mysterien im Leben Jesu ist in jeder einzelnen Eucharistiefeier kondensiert. Das liturgische Jahr teilt all das, was in dieser einen Explosion von göttlichem Licht, göttlicher Liebe und göttlichem Leben enthalten ist, in Portionen auf, sodass wir die Bedeutung der theologischen Vorstellungen Stück für Stück leichter verdauen können. In der Weihnachts- und Epiphaniezeit liegt der Schwerpunkt auf der theologischen Vorstellung von Licht. In der österlichen Zeit geht es um das Leben und in der Pfingstzeit um die Liebe. Jede dieser theologischen Ideen wird durch eine ausgedehnte Vorbereitungszeit eingeleitet, die zu dem Hauptfest hinführt. Jedes große Thema wird in den nachfolgenden Feiern weiterentwickelt und findet seinen Höhepunkt im krönenden Fest. Wir erleben die Macht des göttlichen Lichts, des Lebens und der Liebe, wenn diese großen Themen nicht mehr nur theologische Ideen sind, sondern persönlich erfahren werden. Das ist letztlich der Zweck der Liturgie. Anders als andere Lehrer verkörpert sie das Wissen, das sie auslegt. Jedes Jahr aufs Neue erleben wir im liturgischen Jahr einen vollständigen Lehrgang in Moraltheologie, Dogmatik, Askese und Mystik. Und was noch wichtiger ist: Das liturgische Jahr versetzt uns in die Lage, die kontemplative Dimension des Evangeliums zu erleben, die stabile, reife Beziehung zum Geist Gottes, der uns dazu befähigt, uns ein Leben unter dem Einfluss der Geistesgaben in Gebet und Tun zur Gewohnheit zu machen.

Das liturgische Jahr ist eine außergewöhnliche Konstruktion, die jede Ebene unseres Daseins anspricht und eine Reaktion herausfordert. Die liturgischen Texte für die verschiedenen Feste und Zeiten stehen einander gegenüber, um die spirituelle Bedeutung von Jesu Leben, Tod und Auferstehung zum Vorschein zu bringen. Soweit das liturgische Jahr ein christlicher Glaubenskurs ist, könnte man es am ehesten als »angewandte Bibelkunde« bezeichnen, denn es besitzt einen eminent praktischen Charakter.

Das liturgische Jahr stellt uns die Ereignisse im Leben Jesu dramatisch vor Augen. Es ruft sie in einer Form in Erinnerung, die einem Dokumentarfilm recht ähnlich ist. Ein solcher Film porträtiert reale Situationen und packt uns deshalb noch mehr als ein reines Drama.

Das Fernsehen bietet eine bestechende Analogie zu der Art, wie die Liturgie die Entfaltung des Lebens Jesu in Erinnerung ruft. In beiden Fällen werden Ereignisse so präsentiert, als fänden sie hier und heute statt. Das Fernsehen präsentiert Nachrichten und Sportereignisse live. Ereignisse, die am anderen Ende der Welt stattfinden, manifestieren sich in unserem Wohnzimmer. Eine liturgische Feier ist kein Live-Event im üblichen Sinne, weil Jesus nicht mehr bei uns ist, aber sie macht die Ereignisse seines Lebens spirituell gegenwärtig, indem sie die Gnade vermittelt, die mit jedem dieser Ereignisse verbunden ist und im Sakrament gefeiert wird. Ein Ereignis, das vor zweitausend Jahren stattgefunden hat, wird in unseren Herzen gegenwärtig. Das bringt das Fernsehen freilich nicht fertig.

Um die Analogie noch ein wenig weiterzutreiben: Das Fernsehen zeigt uns abwechselnd Nahaufnahmen und Panoramaaufnahmen aus großer Ferne. Bei einer Sportveranstaltung wird die Kamera normalerweise erst eine Gesamtaufnahme des Stadions zeigen und dann eine Nahaufnahme, die sich auf das Tun eines einzelnen Spielers konzentriert. Dann zoomt sie wieder weg, und wir sehen die Zuschauermenge, wie sie winkt und jubelt. Dieser Wechsel von Nahaufnahme und Abstand findet seine Entsprechung in der Liturgie, wenn sie unsere Aufmerksamkeit auf den theologischen Hauptgedanken jeder liturgischen Jahreszeit lenkt. Jede Jahreszeit gibt uns einen Überblick über den aktuellen theologischen Gedanken, während die einzelnen Feste innerhalb der Jahreszeit Nahaufnahmen von Jesus zeigen, wie er in uns und in der Welt wirkt.

Das Mysterium von Weihnachten und Epiphanie beginnt mit dem Advent – einer langen Phase der Vorbereitung, die im Weihnachtsfest ihren Höhepunkt findet. Am ersten Adventssonntag gibt uns die liturgische Kamera einen weiten Blick auf das dreifache Kommen Christi. An den folgenden drei Sonntagen lernen wir die drei zentralen Gestalten des Advents kennen: die Jungfrau Maria, die Mutter des Heilands; Johannes den Täufer, der Jesus seinen ersten Zuhörern vorstellt; und Jesaja, der das Kommen des Christus schon siebenhundert Jahre zuvor mit außerordentlicher Präzision vorausgesagt hat. Die Haltungen und Verhaltensweisen dieser Hauptpersonen werden zu lebendigen Vorbildern, denen wir nacheifern können. Auf diese Weise weckt die Liturgie in uns ein Verlangen ähnlich dem der Propheten, die sich nach dem Kommen des Messias sehnten. Wir werden auf die spirituelle Geburt Jesu in uns vorbereitet, indem wir an der Entfaltung des Weihnachts- und Epiphanie-Mysteriums teilhaben.

Die nachweihnachtlichen Feste machen seine tiefe Bedeutung greifbar. Die weihnachtliche Gnade ist so groß, dass sie nicht in einem einzigen Ausbruch von Licht erfasst werden kann. Erst mit der Feier des krönenden Epiphaniefestes enthüllt sich die ganze Bedeutung der theologischen Idee vom göttlichen Licht.

Die ganze Bandbreite des Mysteriums Christi erleben wir auf sich ständig vertiefenden Ebenen, wenn wir die liturgischen Jahreszeiten und ihre verschiedenen Feste immer wieder feiern. Die Liturgie bietet uns keinen Platz auf der Tribüne oder am Rand der Manege an. Vielmehr sind wir eingeladen, an dem Ereignis selbst teilzuhaben, seine Bedeutung in uns aufzunehmen und uns mit Christus zu verbinden – auf jeder Ebene seines und unseres Seins. Diese sich entwickelnde Beziehung zu Christus ist die Hauptstoßrichtung der liturgischen Jahreszeiten und ihrer Fähigkeit, alle unsere Möglichkeiten einzubeziehen: Wille, Intellekt, Gedächtnis, Vorstellungskraft, Sinne und Körper. Die Übermittlung dieser persönlichen Beziehung mit Christus – und durch ihn mit dem Vater – nennt Paulus das *Mysterion*, das griechische Wort für Geheimnis oder Sakrament: ein äußeres Zeichen, das heilige Wirklichkeit enthält und vermittelt. Wenn wir die Mysterien Christi feiern, lehrt uns die Liturgie, sie nicht nur als historische Ereignisse wahrzunehmen, sondern als Manifestationen des Christus im Hier und Jetzt. Durch diesen lebendigen Kontakt mit Christus werden wir selbst zu Abbildern Christi, zu Manifestationen des Evangeliums in den wechselnden Gestalten, Formen und Farben des täglichen Lebens.

Das Bewusstsein Christi wird uns in der Liturgie so vermittelt, wie wir darauf vorbereitet sind. Die beste Vorbereitung auf diese Vermittlung besteht in der regelmäßigen Übung des kontemplativen Gebets, das unsere Fähigkeit verfeinert und stärkt, auf das Wort Gottes zu hören und zu antworten, wie es uns in der Heiligen Schrift und in der Liturgie begegnet. Das Verlangen danach, das innere Erleben Christi von der letzten Wahrheit des Abba anzunehmen und von ihm angenommen zu werden, ist auch ein Merkmal des kontemplativen Gebets.

Die Liturgie ist Gottes bester Weg, das Bewusstsein Christi zu vermitteln. Sie ist der wichtigste Ort, an dem sich diese Vermittlung vollzieht. Sie macht Gebrauch vom Mittel des Rituals, um die Herzen und Gedanken der Gläubigen vorzubereiten. Und wenn wir richtig vorbereitet sind, ergreift sie unsere Aufmerksamkeit auf jeder Ebene unseres Seins, und die besondere Gnade des Festes wird uns tatsächlich übermittelt.

Die vierfache Gegenwart Christi in der Liturgie

Die elf Jünger gingen nach Galiläa auf den Berg, den Jesus ihnen genannt hatte. Und als sie Jesus sahen, fielen sie vor ihm nieder. Einige aber hatten Zweifel. Da trat Jesus auf sie zu und sagte zu ihnen: Mir ist alle Macht gegeben im Himmel und auf der Erde. Darum geht zu allen Völkern und macht alle Menschen zu meinen Jüngern; tauft sie auf den Namen des Vaters und des Sohnes und des Heiligen Geistes, und lehrt sie, alles zu befolgen, was ich euch geboten habe. Seid gewiss: Ich bin bei euch alle Tage bis zum Ende der Welt. (Mt 28,16–20)

In diesem Abschnitt gibt Jesus den Aposteln den Auftrag, seine Lehre und seine Erfahrung des Vaters in die Welt und in alle Zeit hinauszutragen.

Wie wir schon gesehen haben, drückt die Liturgie die Gesamtheit des Mysteriums Christi in einer einzigen Eucharistiefeier aus. Im liturgischen Jahr werden die einzelnen Schätze, die alle in dieser einen Eucharistiefeier enthalten sind, aus ihrer Vereinigung gelöst und im Verlauf eines Jahreskreises einzeln gefeiert. In der Liturgie durchdringt die Ewigkeit jeden Augenblick der chronologischen Zeit. Ewige Werte, die in die chronologische Zeit einbrechen, werden uns in der Gegenwart des Augenblicks zugänglich. In diesem Sinne ist Christus durch alle Zeit hindurch gegenwärtig: in Vergangenheit, Gegenwart und Zukunft. Er ist uns genau so weit gegenwärtig, wie wir selbst im Hier und Jetzt gegenwärtig sind. Der gegenwärtige Augenblick überschreitet alle Zeit und manifestiert gleichzeitig die Ewigkeit in der chronologischen Zeit. Der *Kairos* ist der Augenblick, in dem sich die Ewigkeit und unser zeitliches Leben überschneiden. In der Perspektive des *Kairos* ist jede Zeit eine Zeit des Wachstums und des Wandels; eine Zeit auch für die christliche Gemeinschaft, sich in der ganzen Welt zu verbreiten und zum Pleroma zu werden, zur Fülle der Zeit, wenn Christus alles in allem (und in allen) sein wird.

Der gegenwärtige Augenblick als Begegnung mit Christus wird in jeder Eucharistie in besonderer Weise gefeiert. Jede Eucharistie sammelt die verschiedenen Weisen, in denen Christus uns in unserem chronologischen Lebensvollzug gegenwärtig ist. Die Eucharistie feiert die Entfaltung unserer chronologischen Lebenszeit in der Fülle des Christus-Lebens und unsere transzendente Möglichkeit, göttlich zu werden.

Immer wenn wir die Eucharistie feiern, ist uns die Gegenwart Christi auf vierfache Weise zugänglich:

Die erste Dimension entfaltet sich, wenn wir uns in seinem Namen versammeln, um ihn und den Vater, der in ihm ist, anzubeten. Schon indem sie sich versammelt, um Christus zu bezeugen oder zu verehren, macht die christliche Gemeinschaft Christus gegenwärtig. Jede Gruppe, die sich in seinem Namen versammelt, wird selbst zu einem Zentrum seiner Gegenwart: »Wo zwei oder drei in meinem Namen versammelt sind, da bin ich mitten unter ihnen.« Diese Wahrheit zeigt sich in einigen Erscheinungen Jesu nach seiner Auferstehung. Bei einer Gelegenheit, als die Jünger aus Angst vor der Obrigkeit versammelt sind und die Türen verschlossen und verriegelt haben, taucht Jesus plötzlich in ihrer Mitte auf. Woher kommt er? Vielleicht kommt er geradewegs aus ihren Herzen und materialisiert sich in körperlicher Gestalt. Zuerst denken sie, er sei ein Geist, und fürchten sich. Vielleicht denken sie, wenn er hereinkommen kann, dann kann es auch die Obrigkeit. Wie auch immer: Wenn wir uns zum Gebet versammeln und den Ort der Anbetung betreten, tritt Jesus mit uns in seinem verherrlichten Leib ein, bereit, jeden von uns mit den Gaben des göttlichen Lichts, des Lebens und der Liebe zu durchfluten, entsprechend unserer Offenheit für sein Kommen.

Die zweite Dimension zeigt sich bei der Lesung des Evangeliums. Lektoren sind nicht nur Vermittler der heiligen Texte, sondern Vermittler Christi. Diese Tatsache wird in der Geschichte des Christentums auf erstaunliche Weise sichtbar. Viele Menschen haben einen direkten Ruf Christi zur vollkommenen Hingabe vernommen, als sie einen bestimmten Evangeliumstext während der Liturgie hörten. Die Worte des Evangeliums haben die Macht, Herzen zu erreichen. Immer wenn das Evangelium verlesen wird, hat der Text die Möglichkeit, uns mitzuteilen, was uns der Geist Gottes in diesem Augenblick unseres Lebens sagen will. Wenn wir uns mit dieser Botschaft verbinden, erleben wir, was Paulus ein »Wort der Weisheit« nennt. Ein Wort der Weisheit ist nicht einfach nur ein weiser Ausspruch. Es ist ein Wort, das so sehr in unsere Herzen eindringt, dass wir uns innerlich direkt von Gott angesprochen fühlen. Ob wir es angenehm finden oder nicht, wir wissen, dass das Wort Gottes uns wie ein Schwert im Innersten durchbohrt hat. Das kann uns je nach den Umständen mit Freude erfüllen oder zutiefst herausfordern. Diese Kraft der Evangeliumslesung, die Gegenwart und das Handeln Christi zu vermitteln, erfordert Rituale besonderer Ehrerbietung.

Die dritte Dimension findet ihren Platz im Eucharistischen Gebet, in dem das Leiden und Sterben und die Auferstehung Christi gegenwärtig werden. Die Elemente von Brot und Wein repräsentieren auch unsere Selbsthingabe. Die Wandlung dieser Gaben in Leib und Blut Christi markiert unsere Einverleibung als individuelle Zellen im Leib Christi, die Neue Schöpfung der erlösten Menschheit, die allmählich zur Fülle Christi heranreift, zum *Pleroma.*

Die vierte Dimension der Gegenwart Christi entfaltet sich in der Kommunion. In diesem Augenblick werden jedem von uns die verwandelten Elemente von Brot und Wein angeboten, um sie zu verzehren, damit wir unsererseits in den größeren Organismus des Leibs Christi einverleibt werden. Der Heilige Geist nimmt uns in den Leib Christi auf, so wie wir die Elemente von Brot und Wein in unseren physischen Leib aufnehmen. Der Empfang der Eucharistie bringt also für uns die Verpflichtung mit sich, uns für den Prozess der Verwandlung in Christus zu öffnen. Christus in seiner menschlichen und göttlichen Natur kommt in der Eucharistie, in der Kommunion, nicht nur für einen flüchtigen Moment zu uns – solange die heilige Substanz unverdaut in unserem Körper verweilt –, sondern er bleibt für immer. Mehr noch: Jeder Empfang der Eucharistie unterstützt und verstärkt die Gegenwart, die bereits von früheren Gelegenheiten vorhanden ist. Die Gegenwart Christi in der Gemeinschaft, die im Evangelium verkündet und im Eucharistischen Gebet zum Vorschein gebracht wurde, wird nun unserem Körper einverleibt, aber auch unserem Geist und unserem innersten Sein, wenn wir das Geheimnis des Glaubens annehmen.

Bemerkenswert ist dabei die aufsteigende Struktur dieser Dimensionen der Gegenwart. Jede Einzelne ist erhabener als die vorhergehende.

Aber so wunderbar diese Geschenke der Gegenwart Christi auch sind, sie dienen nur dazu, in uns die eine größte Gegenwart zu wecken, die bereits vorhanden ist. Obwohl diese Gegenwart in der Liturgie nicht eigens erwähnt wird, scheint sie stillschweigend vorausgesetzt zu werden. Alle Sakramente, alle Gebete, alle Rituale sind dazu da, uns für unsere Christus-Natur zu wecken, aus der wir und alle unsere Fähigkeiten in jedem einzelnen mikrokosmischen Augenblick hervorgehen. Wenn Jesus die Apostel aussendet, spricht er genau diese Erfahrung an: »Geht zu allen Völkern und macht alle Menschen zu meinen Jüngern.« Im Markusevangelium wird es noch klarer formuliert: »Geht hinaus in die ganze Welt, und verkündet das Evangelium allen Geschöpfen!« (Mk 16,15)

Bezieht sich dieser Befehl nur auf die geografische Welt? So wird er normalerweise interpretiert, aber damit erschöpft sich die tiefere Bedeutung des Textes nicht. Wir werden eingeladen – oder eher: aufgefordert –, in die sich erweiternden Welten hinauszugehen, die sich uns eröffnen, wenn wir von einer Ebene des Glaubens zur nächsten fortschreiten. Als würde Jesus sagen: »Geht hinaus aus den engen Grenzen eurer vorgefassten Ideen und fertigen Wertesysteme! Durchdringt jede mögliche Ebene des menschlichen Bewusstseins! Lasst euch auf die Fülle der Vereinigung mit Gott ein, und aus dieser Erfahrung heraus geht dann hin und predigt das Evangelium der ganzen Schöpfung. Und verwandelt sie durch die Kraft und Vollmacht, die die Vereinigung und Einheit mit mir in euch wecken wird.«

Göttliche Liebe macht uns in unserem innersten Sein zu Aposteln. *Daher* kommt die unwiderstehliche Gegenwart und das Beispiel, das die Welt verändern kann.

Weihnachten und Epiphanie

Zacharias, der Vater des Johannes, wurde vom Heiligen Geist erfüllt und begann prophetisch zu reden: »Gepriesen sei der Herr, der Gott Israels, denn er hat sein Volk besucht und ihm Erlösung geschaffen.« (Lk 1,67f)

Der »Besuch Gottes« ist die Erfahrung der Gegenwart Gottes; das große Geheimnis macht sich der Welt bekannt, indem es Fleisch wird. Das ist die Bedeutung des weihnachtlichen Festkreises.

Einführung

Im Mysterium des Weihnachts- und Epiphaniefestes feiern wir das Erscheinen des göttlichen Lichts. Die liturgische Jahreszeit beginnt mit dem Advent, einer Zeit intensiver Vorbereitung, um die drei Erscheinungsweisen Christi zu verstehen.

Die erste ist sein historisches Kommen in menschlicher Schwäche und die Manifestation seiner Göttlichkeit in der Welt.

Die zweite ist sein spirituelles Erscheinen in unserem innersten Sein durch die liturgische Feier des Weihnachts- und Epiphanie-Mysteriums.

Die dritte ist sein endgültiges Kommen am Ende der Zeit in verklärter Menschlichkeit.

Im Feiern des Weihnachtsfestes findet die freudige Erwartung ihre Vollendung, wie sie uns durch die Jungfrau Maria, Johannes den Täufer und den Propheten Jesaja vor Augen geführt wird und in der Adventsliturgie von uns geteilt wird. Christus ist in unseren Herzen von Neuem geboren, indem sein Licht in uns wächst, und die Folgen unserer Vereinigung mit ihm entfalten sich.

In den nachfolgenden Festen wird all das, was in der Explosion göttlichen Lichts an Weihnachten enthalten ist, allmählich entfaltet. Diese Entfaltung findet ihren Höhepunkt im Epiphaniefest, dem Fest der Fülle und der Krönung der weihnachtlichen Jahreszeit. Im klaren Licht der Epiphanie wird unser Glaube an die Göttlichkeit Jesu und an unsere Vereinigung mit ihm als Glieder seines mystischen Leibes zum Licht, zu unserem Leitstern, der uns dazu befähigt, ihm zu folgen und uns in ihn zu verwandeln.

Auch wenn die theologische Vorstellung des Lichts an Epiphanie noch dominiert, tauchen die Ideen von Leben und Liebe doch bereits auf und deuten auf die kommenden Feste von Ostern und Pfingsten hin. Wir ahnen die lebensspendende Gnade des Osterfestes und die verwandelnde Gnade des Pfingstfestes voraus. Die Liturgie erinnert mit der Ankunft der Weisen an zwei andere Ereignisse, die die österliche und pfingstliche Gnade repräsentieren: die Taufe Jesu im Jordan und die Verwandlung von Wasser in Wein bei der Hochzeit zu Kana.

Jesus wünschte sich die Taufe durch Johannes nicht für sich selbst, sondern für uns, die Glieder seines mystischen Leibes. Sein Abstieg ins Wasser des Jordans nimmt seine Passion und seinen Tod vorweg, und sein Aufsteigen aus dem Jordan und das Herabsteigen des Heiligen Geistes nehmen seine Auferstehung und die Gabe des Geistes an Pfingsten vorweg. So werden in der Taufe Jesu die Sakramente der

Taufe und der Firmung bereits angesprochen und im Vorhinein gestiftet. Er reinigt sein Volk und bereitet es auf die Vereinigung mit sich vor.

Unsere Vereinigung mit Christus in der Taufe und ihre Vertiefung in der Firmung wird in der Eucharistie vollzogen, dem Sakrament der göttlichen Einheit. Die Eucharistie und ihre verwandelnde Wirkung werden vorweggenommen, wenn Jesus bei der Hochzeit zu Kana Wasser in Wein verwandelt. Das Hochzeitsfest selbst symbolisiert die Freude der Vereinigung mit Gott, die reife Frucht der verwandelnden Gnade an Pfingsten.

Zusammengefasst sieht die Lehre der Liturgie über das Weihnachts- und Epiphanie-Mysterium folgendermaßen aus:

1. Die Natur des Menschen wird im Leib der Jungfrau Maria mit dem ewigen Wort, dem Sohn Gottes, vereint: Advent
2. Das ewige Wort erscheint in menschlicher Gestalt als Licht der Welt: Weihnachten
3. Christus manifestiert seine Göttlichkeit durch seine Menschlichkeit: Epiphanie
4. Durch seine Taufe im Jordan reinigt er die Kirche, die Verlängerung seines Leibes in die Zeit, und heiligt das Taufwasser: Epiphanie und der folgende Sonntag
5. Er nimmt sein Volk in einer spirituellen Hochzeit zu sich und verwandelt es in sich selbst: Epiphanie und der zweite Sonntag danach
6. Wir erfahren die praktischen Auswirkungen unserer Existenz als Glieder am Leib Christi: zweite Lesung an den Sonntagen nach Epiphanie

Das Mysterium der Weihnachts- und Epiphaniezeit

> *Da erging in der Wüste das Wort Gottes an Johannes, den Sohn des Zacharias. Und er zog in die Gegend am Jordan und verkündigte dort überall Umkehr und Taufe zur Vergebung der Sünden. (So erfüllte sich,) was im Buch der Reden des Propheten Jesaja steht: Eine Stimme ruft in der Wüste: Bereitet dem Herrn den Weg! Ebnet ihm die Straßen! (Lk 3,2–4)*

Im Advent feiern wir die dreifache Ankunft Christi: sein Kommen im Fleisch, das wichtigste Thema zu Weihnachten; sein Kommen am Ende der Zeit, eines der Themen im Advent; und sein Kommen in Gnade, sein spiritueller Einzug in unsere Herzen durch die eucharistische Feier des Mysteriums der Weihnachts- und Epiphaniezeit.

Sein Kommen in Gnade ist seine Geburt in uns. Dieses Kommen betont die wichtigste Stoßrichtung der Liturgie, nämlich die Übermittlung der Gnade, nicht nur die Erinnerung an ein historisches Ereignis. So *vermittelt* die Liturgie die Gnade, an die die liturgischen Jahreszeiten und Feste *erinnern*. Sie kreisen um die drei großen theologischen Ideen, die in der Offenbarung Jesu enthalten sind: göttliches Licht, Leben und Liebe. Jede Jahreszeit des liturgischen Jahres – Weihnachten–Epiphanie, Ostern–Himmelfahrt, Pfingsten – betont einen eigenen Aspekt des Mysteriums unserer Erlösung, Gottes bedingungsloser Hingabe an uns. Der Rest des liturgischen Jahres ergibt sich aus diesen drei Hauptthemen und beschäftigt sich mit ihren praktischen Auswirkungen.

Das liturgische Jahr beginnt mit der theologischen Idee des göttlichen Lichts. Und was ist dieses Licht? Wir finden es heraus, indem wir an der Liturgie teilnehmen, vorausgesetzt, wir sind gut vorbereitet, und vorausgesetzt, die Liturgie wird in sensibler und ehrerbietiger Weise gefeiert.

Jede liturgische Jahreszeit kennt eine Zeit der Vorbereitung, die uns bereit macht für das große Fest. Das Weihnachtsfest ist der erste Ausbruch von Licht in der Entfaltung des Weihnachts-Mysteriums. Theologisch gesehen, ist Weihnachten die Offenbarung des Ewigen, das Fleisch geworden ist. Aber es braucht Zeit, all das zu feiern und zu durchdringen, was in diesem Ereignis enthalten ist. Im Grunde genommen können wir an Weihnachten nur staunend nach Luft schnappen und mit den Engeln und den Hirten jubeln, die es als Erste erlebten. Die verschiedenen Aspekte des Mysteriums vom göttlichen Licht werden in den Tagen nach Weihnachten nach und nach erforscht. Die Liturgie packt vorsichtig die großartigen Geschenke aus, die in dem ersten Ausbruch des Lichts enthalten sind. Tatsächlich begreifen wir das Geheimnis in seiner ganzen Fülle erst, wenn wir die anderen beiden Zyklen durchlaufen haben. Je heller das göttliche Licht brennt, desto klarer enthüllt es seinen Inhalt, nämlich göttliches Leben, und das göttliche Leben enthüllt uns, dass die letzte Wahrheit die Liebe ist.

Epiphanie ist das krönende Fest der Weihnachtszeit. Wir neigen dazu, Weihnachten wichtiger zu nehmen, aber tatsächlich ist Weihnachten nur der Anfang. Es macht uns Appetit auf die Geschenke, die während der folgenden Feste ausgepackt werden dürfen. Die große Erleuchtung des Weihnachts- und Epiphanie-Mysteriums geschieht, wenn wir begreifen, dass das göttliche Licht nicht nur *dadurch* in die Welt gekommen ist, dass Gottes Sohn Mensch geworden ist, sondern indem wir als lebendige Glieder in seinen Leib aufgenommen werden. Darin besteht die besondere Gnade des Epiphaniefestes. Im Angesicht seiner göttlichen Ehre und Macht nimmt der Sohn Gottes die ganze Menschheitsfamilie in Vergangenheit, Gegenwart und Zukunft in sich auf. In dem Augenblick, da das ewige Wort aus dem Schoß der Dreieinigkeit hervorgeht und in Menschengestalt erscheint, verschenkt es sich an die gesamte Schöpfung. Im Schöpfungsakt stirbt Gott sozusagen. Er ist nicht mehr allein und wird durch sein schöpferisches Tun vollkommen in das menschliche Abenteuer verstrickt. Er kann nicht mehr gleichgültig sein. Jede Theologie, die behauptet, er sei nicht davon betroffen, leugnet die Offenbarung Jesu. Im Gegenteil, die Bedeutung und Botschaft Jesu lautet: Das Reich Gottes ist *nahe*. Gott in seiner Gesamtheit ist damit jedem Menschen zugänglich, der sich dies wünscht.

Epiphanie ist zudem die Manifestation von allem, was im Licht der Weihnacht enthalten ist. Es ist die Einladung an uns, göttlich zu werden. Epiphanie enthüllt die Hochzeit zwischen der göttlichen und der menschlichen Natur Jesu Christi. Und es enthüllt Gottes Ruf an die Kirche (also an uns), uns in der spirituellen Vermählung mit Christus verwandeln zu lassen und vollkommen menschlich zu werden.

Das Erscheinen Christi in unserem bewussten Leben ist die reife Frucht des Weihnachts- und Epiphanie-Mysteriums. Es setzt eine Gegenwart Christi voraus, die bereits in uns darauf wartet, erweckt zu werden. Wir könnten in diesem Zusammenhang auch vom vierten Erscheinen Christi sprechen, obwohl er ja streng genommen nicht wirklich erscheint, sondern bereits hier ist. Das Weihnachts- und Epiphanie-Mysterium lädt uns ein, in Besitz zu nehmen, was uns bereits gehört. Oder wie Thomas Merton es formuliert: Wir sollen »werden, was wir schon sind«. Dieses Mysterium, das Erscheinen Christi in unserem Leben, macht uns die Tatsache bewusst, dass er bereits hier ist, als unser wahres Selbst – die tiefste Wirklichkeit in uns und in jedem anderen Menschen. Sobald Gott menschliche Gestalt annimmt, ist jeder von uns potenziell göttlich. Durch die Inkarnation seines Sohnes überflutet Gott die gesamte Menschheit in Vergangenheit, Gegenwart und Zukunft mit seiner Majestät, Würde und Gnade. Christus ist auf eine geheimnisvolle, aber reale Weise in uns anwesend. Der Hauptzweck aller Liturgie, allen Gebets und aller Rituale besteht darin, uns seine innere Gegenwart und die Vereinigung mit ihm bewusst zu machen. Die Fähigkeit zu diesem Bewusstsein ist uns als Menschen angeboren, aber wir haben sie noch nicht begriffen.

Alle drei Gelegenheiten, bei denen Christus erscheint, bauen auf der Tatsache auf, dass wir in Gott leben und Gott in uns. Sie laden uns ein, uns aus unseren menschlichen Beschränkungen hinaus in das Leben Christi zu entwickeln. Christus ist gekommen, aber nicht ganz und gar – das ist die Not des Menschen. Das vollständige Kommen des Reiches Gottes, das *Pleroma*, wird sich durch die allmähliche Entwicklung der Christen in die Reife Christi hinein vollziehen. Bis dahin ist jedoch jedes menschliche Wesen und jede menschliche Institution, so heilig sie auch sein mögen, unvollständig.

Im Licht des Weihnachts- und Epiphanie-Mysteriums nehmen wir wahr, dass die Vereinigung mit Christus keine spirituelle Happy Hour ist. Sie ist ein Krieg gegen die Kräfte des Bösen, die Jesus umgebracht haben und auch uns umbringen können, wenn wir uns ihnen in den Weg stellen. Weil wir ein menschliches Leben führen, wird das göttliche Licht ständig von den repressiven und rückschrittlichen Kräften in uns als Individuen und als Gesellschaft bedroht, die nichts von Liebe hören wollen, schon gar nicht von sich selbst verschenkender Liebe. Die Botschaft des Evangeliums vom Dienen hört sich nicht leicht an. Wir müssen also unseren Glauben durch eine Liturgie vertiefen und nähren, die uns mit der Kraft ausstattet, Liebe zu zeigen, was auch immer geschieht. Diese Kraft vermittelt sich uns im Weihnachts- und Epiphanie-Mysterium, angepasst an unsere eigene derzeitige Aufnahmefähigkeit.

Die Verkündigung

Im sechsten Monat wurde der Engel Gabriel von Gott in eine Stadt in Galiläa namens Nazaret zu einer Jungfrau gesandt. Sie war mit einem Mann namens Josef verlobt, der aus dem Haus David stammte. Der Name der Jungfrau war Maria. Der Engel trat bei ihr ein und sagte: Sei gegrüßt, du Begnadete, der Herr ist mit dir. Sie erschrak über die Anrede und überlegte, was dieser Gruß zu bedeuten habe. Da sagte der Engel zu ihr: Fürchte dich nicht, Maria; denn du hast bei Gott Gnade gefunden. Du wirst ein Kind empfangen, einen Sohn wirst du gebären: dem sollst du den Namen Jesus geben. Er wird groß sein und Sohn des Höchsten genannt werden. Gott, der Herr, wird ihm den Thron seines Vaters David geben. Er wird über das Haus Jakob in Ewigkeit herrschen und seine Herrschaft wird kein Ende haben. Maria sagte zu dem Engel: Wie soll das geschehen, da ich keinen Mann erkenne? Der Engel antwortete ihr: Der Heilige Geist wird über dich kommen, und die Kraft des Höchsten wird dich überschatten. Deshalb wird auch das Kind heilig und Sohn Gottes genannt werden. Auch Elisabet, deine Verwandte, hat noch in ihrem Alter einen Sohn empfangen; obwohl sie als unfruchtbar galt, ist sie jetzt schon im sechsten Monat. Denn für Gott ist nichts unmöglich. Da sagte Maria: Ich bin die Magd des Herrn; mir geschehe, wie du es gesagt hast. Danach verließ sie der Engel. (Lk 1,26–38)

Advent ist wie die Zeit der Schwangerschaft, wenn ein neues Leben sich bemerkbar macht. Das Licht der Weihnacht wächst in jedem von uns, während die Adventszeit voranschreitet, und manifestiert sich in blitzartigen Erkenntnissen, die uns eine Vorahnung vom blendenden Licht des Weihnachts- und Epiphanie-Mysteriums schenken.

Die Schlüsselfigur im Advent ist Maria. In diesem Text hören wir, wie der Engel Gabriel ihr die Mutterschaft ankündigt. Soweit wir wissen, war Maria ein Mädchen von vierzehn oder fünfzehn Jahren, das in einem Provinznest lebte. Nazaret hatte nicht den besten Ruf, nach dem zu urteilen, was Nathaniel später über die Stadt sagte: »Kann irgendetwas Gutes aus Nazaret kommen?« (Joh 1,46)

Es scheint, dass Maria von Gott den Ruf vernommen hatte, sich ihm in einer Verpflichtung zur Ehelosigkeit zu überlassen. Gleichzeitig war sie aber auch »mit einem Mann namens Josef« verlobt. Wir wissen nichts über die Details dieser Beziehung oder über eventuelle besondere Absprachen. Damals war Ehelosigkeit eine seltene Lebensweise, vor allem für Frauen. Die Tatsache, dass Maria die Freiheit besaß, neu und auf flexible Weise zu entscheiden, was die allgemeinen Erwartungen ihrer Zeit und ihrer Umgebung anging, deutet auf ihre spirituelle Reife hin. Ihre Entscheidung für die Jungfräulichkeit setzt ein Wissen darüber voraus, was Gott von ihr erwartete. Und offenbar konnte sie Josef überzeugen, sich dieser Idee anzuschließen. Den jüdischen Gepflogenheiten der damaligen Zeit entsprechend, war sie ihm durch die Verlobung bereits verpflichtet, seine Frau zu werden.

Und da kommt nun überraschend der Bote Gottes zu Besuch. Wie viele der Gleichnisse später zeigen werden, handelt Gott immer unerwartet. Manchmal sind es angenehme Überraschungen, wie beim Fund eines verborgenen Schatzes im Acker. Manchmal, wenn Gott eine Forderung oder Herausforderung an Menschen heranträgt, sieht die Überraschung eher aus wie das Ende der Welt; das sichere Nest, in dem man gelebt hat, wird erschüttert. Solche Ereignisse traten im Leben von Maria und Josef regelmäßig auf. Die Verkündigung war nur das erste Mal, dass Gott ungebeten in ihr Leben eindrang und es auf den Kopf stellte. Die Annahme dessen, was Jesus später als Reich Gottes predigt, beinhaltet die Bereitschaft, Gott den Eintritt in unser Leben zu gestatten, so wie er es will und zu jeder beliebigen Zeit – auch jetzt, in diesem Augenblick. Nicht morgen, sondern jetzt! Das Reich Gottes ist das, was geschieht, und unsere Offenheit für dieses Reich bedeutet, dass wir akzeptieren, was geschieht. Das heißt nicht, dass wir auch verstehen müssen, was geschieht. Für die meisten Prüfungen ist es geradezu charakteristisch, dass wir *nicht* wissen, was mit uns geschieht. Wenn wir wüssten, dass wir Gottes Willen erfüllen, würden uns Prüfungen nicht so sehr beunruhigen.

Hier jedenfalls wird Maria mit einem von Gottes Lieblingsszenarios konfrontiert. Wir könnten es auch ein Dilemma nennen. Charakteristisch für das Dilemma ist nicht die Wahl zwischen etwas offensichtlich Gutem und etwas offensichtlich Schlechtem – das wäre eine Versuchung –, sondern die Tatsache, dass wir nicht wissen, was gut und was schlecht ist. Das Dilemma kann sich auch auf andere Weise sichtbar machen: Wir können nicht entscheiden, welches von zwei offenbar guten Dingen Gottes Wille ist. Ein empfindliches Gewissen wird dadurch möglicherweise in große Nöte gestürzt. Wir wollen Gottes Willen erfüllen und wissen nicht, was Gottes Wille ist. Also fühlen wir uns in zwei Richtungen zerrissen. Zwei offensichtliche, aber einander entgegengesetzte gute Dinge fordern unsere Entscheidung, und beide scheinen Gottes Willen zu repräsentieren. Menschen auf dem spirituellen Weg finden sich immer wieder in solchen Dilemmata, die eher schlimmer werden, je weiter die Reise fortschreitet. Ein solches Dilemma könnte in einer Berufungskrise entstehen, beispielsweise bei der Frage: »Soll ich in einen kontemplativen Orden eintreten? Ich habe Verpflichtungen anderen Menschen gegenüber, die wichtig zu sein scheinen, aber ich spüre auch einen deutlichen Ruf in die Einsamkeit.« Die Anziehungskraft der Einsamkeit in einem aktiven Dienst ist eines der klassischen Dilemmata, in denen sich Menschen im aktiven Dienst sehr häufig wiederfinden. Und Menschen in klausurierten Gemeinschaften erleben den entgegengesetzten Sog.

Hier noch ein weiteres Beispiel aus der Heiligen Schrift, das zeigt, wie schwierig eine solche Prüfung werden kann: Johannes der Täufer hatte seine Integrität als Prophet aufs Spiel gesetzt, indem er Jesus als den Messias bezeichnete, als denjenigen, der sein Volk von seinen Sünden befreien würde. Nach Johannes' Konfrontation mit Herodes wurde er ins Gefängnis geworfen. Er steht für alle, die um der Gerechtigkeit und Wahrheit willen leiden. In Einzelhaft, getrennt von seinen Jüngern, verfiel er möglicherweise in Depression. Er begann zu zweifeln, ob er den richtigen Mann ausgesucht hatte. Jesus aß und trank mit Sündern. Weder er noch seine Jünger hielten sich an die üblichen Fastenregeln. Konnte Jesus, der sich mit Huren und Steuereintreibern gemein machte und bei seinen Jüngern eine freie, entspannte Lebensweise förderte, wirklich der Messias sein? Johannes war in Versuchung zu denken: »Habe ich vielleicht einen schrecklichen Fehler begangen?« Ein heiliger Mann am Ende seines Lebens – und doch machte er die schlimmste Krise durch, die er je erlebt hatte.

Das grauenhafte Dilemma ist deutlich zu sehen: Johannes hatte Jesus als den Messias bezeichnet, aber Jesus benahm sich nicht so, wie man es von dem Messias erwartete. Also schickte Johannes seine Jünger zu Jesus, um ihn zu fragen: »Bist du der Messias oder sollen wir auf einen anderen warten?« Die Frage beschreibt das ganze Ausmaß der Gewissensnot, in der sich Johannes befand. Sollte er seine Aussage über Jesus als Messias zurückziehen? Das war sein großer Zweifel. Er konnte sich nicht entscheiden, was er tun sollte. Also schickte er seine Jünger los, eben denjenigen zu fragen, für dessen Identität er seine eigene prophetische Mission aufs Spiel gesetzt hatte – den einen, um seine eigenen Worte zu benutzen, dessen Sandalen zu lösen er nicht würdig war.

In Anwesenheit von Johannes' Jüngern tat Jesus einige Wunder, von denen er wusste, dass sie Johannes Sicherheit geben würden, indem sie die Prophezeiung von Jesaja wahr machten: Blinde werden sehend, und Armen wird das Evangelium gepredigt. Damit war Johannes' Dilemma aufgelöst.

Warum erlebte Johannes so kurz vor seinem Ende noch eine so schreckliche Prüfung? Manchmal ist das Dilemma dazu da, uns von den letzten Resten kultureller Konditionierung zu befreien, unter Umständen auch von den Resten unserer religiösen Konditionierung. Dinge, die wir im frühen Teil unserer spirituellen Reise gebraucht haben, von denen wir uns aber vielleicht zu abhängig gemacht haben, werden allmählich entfernt. Und eine der klassischen Weisen, wie dies vor sich geht, ist ein Dilemma, das uns zwingt, über die Begrenzungen der eigenen Kultur hinauszuwachsen, aus den Einflüssen unserer frühen Kindheit und des frühen religiösen Hintergrunds heraus. Familie, ethnische und religiöse Werte sind wichtig und können uns eine gewisse Zeit und an einem gewissen Ort auf der spirituellen Reise stützen, aber nicht an dem Ort vollkommener Freiheit, den Gott für jeden von uns vorgesehen hat. Vielleicht waren es Johannes' vorgefasste Ideen von Askese, die Gott zerstören wollte, um ihn in der letzten Phase seines Lebens davon zu befreien. Um ihm die Möglichkeit zu geben, zu akzeptieren, dass Gott auf jede erdenkliche Weise kommen kann, auch durch das Essen und Trinken und das Mitgefühl des echten Messias.

Deshalb gab Jesus durch die Wunder, die er vor den Augen von Johannes' Jüngern tat, eine Antwort auf die Frage. Sie lautete: »Mein Freund, du hast keinen Fehler gemacht. Ich bin der Messias. Aber der Messias ist nicht an deine Ideen gebunden, was er tun und wie er sich verhalten sollte.«

Damit war Johannes' Dilemma aufgelöst. Selbst die heiligsten Leute können in vorgefassten Ideen und Wertesystemen gefangen sein, die sie nur schwer wieder loswerden. Sie haben möglicherweise starke Erwartungen in Bezug darauf, wie Gott handeln sollte oder wie sich die spirituelle Reise und das Gebet entwickeln sollten. Krieg, Verfolgung, Bankrott, Verlust eines geliebten Menschen, Scheidung, Änderung der Berufung, Krankheit und Tod sind Erfahrungen, die Gott benutzt, um ihre Ideen und Erwartungen zu erschüttern.

Wenn wir absolut sicher sind, dass Gott zwei Dinge will, die einander vollkommen entgegengesetzt zu sein scheinen, dann befinden wir uns in einem klassischen Dilemma. Jesus selbst erlebte das größte Dilemma aller Zeiten, als er im Garten Getsemani saß. Er, der Schuldlose, war aufgefordert, um unserer Sünden willen zur Sünde zu werden. Er, der die Güte Gottes besser kannte als je ein Mensch zuvor oder danach, war aufgefordert, das Unvermeidliche anzunehmen, das folgen musste, nachdem er sich unsere Sünden zu eigen gemacht hatte, nämlich das Gefühl vollkommener Entfremdung von Gott.

Die Erfahrung des Dilemmas traf Maria, wie schon gesagt, im Alter von vierzehn oder fünfzehn Jahren. Sie hatte einen Plan für ihr Leben gemacht, beruhend auf ihrer festen Überzeugung, dass sie wusste, was Gottes Wille war. Und dann kommt eines Tages der Engel Gabriel vorbei und sagt zu ihr: »Gott will, dass du die Mutter des Messias wirst.«

Maria war zutiefst beunruhigt von der Botschaft des Engels, die ihre gesamte spirituelle Reise bis in die Grundfesten erschütterte. Sie konnte nicht verstehen, warum Gott sie hatte glauben lassen, sie solle nach seinem Willen Jungfrau bleiben, wenn er ihr nun durch seinen Boten mitteilte, sie solle nach seinem Willen Mutter werden.

»Wie kann das sein, da ich doch von keinem Mann weiß?«, fragte Maria.

Man beachte die Diskretion in diesen Worten. Sie sagt nicht, dass sie nicht dazu bereit ist, aber sie wirft in aller Zartheit die Frage auf, wie es geschehen soll, da sie doch »von keinem Mann weiß« – und auch von keinem Mann wissen wird. Mit anderen Worten, sie nimmt ihr Dilemma in die Hand und legt es respektvoll in Gottes Schoß. »Du hast das Problem gemacht«, scheint sie zu sagen. »Dann lös es bitte auch. Ich sage nicht ja, und ich sage nicht nein. Bitte, sag mir, wie das Problem zu lösen ist.«

Und der Engel erklärt es ihr. »Der Heilige Geist wird über dich kommen.« Ihre Mutterschaft wird, mit anderen Worten, außerhalb der normalen Fortpflanzungswege zustande kommen. Sie wird in der Lage sein, ihre Zustimmung zu geben, weil Gott etwas absolut Unerhörtes in der Geschichte der menschlichen Erfahrung erschaffen wird: eine jungfräuliche Mutter.

Die Nachricht des Engels und ihre Folgen brachten Marias Lebensplanung vollkommen durcheinander. Bald erkannte ihre Mutter ihre rätselhafte Schwangerschaft. Josef war so aufgebracht darüber, dass er in Erwägung zog, sie zu verlassen. Mit anderen Worten: Diese Schwangerschaft stellte ihr Leben auf den Kopf. Statt eine anständige junge Frau zu sein, die mit Josef verlobt war, schien sie nun eine zu sein, die sich auf eine voreheliche sexuelle Beziehung eingelassen hatte. Plötzlich gehörte sie also zu den vielen Leute mit schlechtem Ruf in einer Stadt, deren Ruf ohnehin schon nicht der Beste war. Derselbe Gott, der sie dazu inspiriert hatte, ein zölibatäres Leben zu führen, hatte sie zur Mutter des Messias gemacht.

Als Menschen können wir nicht annehmen, dass Gott etwas tut, was nie zuvor geschehen ist, obwohl der Engel ja sagt: »Bei Gott ist nichts unmöglich.« Aber wir können sicher sein: Wenn wir den schöpferischen Kräften des Dilemmas gestatten, ihre Wirkung zu entfalten, werden wir uns irgendwann in einem höheren Bewusstseinszustand wiederfinden. Plötzlich werden wir eine neue Art wahrnehmen, die Wirklichkeit zu sehen. Unser altes Weltbild kommt zu einem Ende, und eine neue Beziehung zu Gott, zu uns selbst und anderen Menschen wird entstehen, gegründet auf der neuen Ebene des Verstehens, der Wahrnehmung und der Einheit mit Gott, die uns geschenkt worden ist. Das Dilemma befreit uns, sodass wir in eine erweiterte Beziehung mit der Wirklichkeit eintreten können, beginnend mit unserer Gottesbeziehung. Im Advent, wenn wir das erneute Kommen des göttlichen Lichts feiern, empfangen wir Ermutigung, uns Gottes Kommen zu öffnen, auf jede Weise, die ihm einfallen mag. Das ist die Haltung, die uns ganz und gar offen macht für das Licht.

Der Besuch bei Elisabet

> *Nach einigen Tagen machte sich Maria auf den Weg und eilte in eine Stadt im Bergland von Judäa. Sie ging in das Haus des Zacharias und begrüßte Elisabet. Als Elisabet den Gruß Marias hörte, hüpfte das Kind in ihrem Leib. Da wurde Elisabet vom Heiligen Geist erfüllt und rief mit lauter Stimme: Gesegnet bist du mehr als alle anderen Frauen und gesegnet ist die Frucht deines Leibes. Wer bin ich, dass die Mutter meines Herrn zu mir kommt? In dem Augenblick, als ich deinen Gruß hörte, hüpfte das Kind vor Freude in meinem Leib. Selig ist die, die geglaubt hat, dass sich erfüllt, was der Herr ihr sagen ließ. (Lk 1,39–45)*

Wir haben schon beobachtet, dass Maria, nachdem sie den Engel in aller Sorgfalt befragt hatte, ihr Dilemma durch einen Sprung des Vertrauens auflöste. Ihr Dilemma wurde auf eine absolut unerwartete Weise gelöst, indem sie gleichzeitig Jungfrau und Mutter wurde – was letztlich nur beweist, dass es kein Dilemma gibt, das Gott nicht lösen kann. Selbst Johannes der Täufer und Maria konnten Gottes Enthusiasmus nicht entkommen, sie noch ein bisschen heiliger zu machen, als sie ohnehin schon waren. Schwierigkeiten geben Gott die Gelegenheit, unsere Motivation zu verfeinern und zu reinigen. Und sie geben uns die Gelegenheit, unsere Hingabe noch zu vergrößern.

Gott bereitet uns darauf vor, sein Wort so zu empfangen, wie ein Bauer ein Feld beackert, um es für die Aussaat vorzubereiten. Gottes Vorbereitung ist wie ein Traktor mit Pflug, der über das Feld fährt. In der einen Richtung reißt er den Erdboden auf und wendet ihn um, und dann fährt er noch einmal in der anderen Richtung darüber. Und wo immer er durchpflügt, bringt er neue Steine nach oben, die bisher unbemerkt im Boden gelegen haben; jeder Stein mit der Möglichkeit, die künftige Saat zu zerstören.

Advent ist eine Zeit der Vorbereitung. Mit unglaublicher Gnade hat Gott den Boden in Marias Herz vorbereitet, bis hin zu dem Dilemma, das ihr eine neue Ebene der Hingabe möglich gemacht hat. Um in ihrem Leib das Wort Gottes entstehen zu lassen, musste sie ihn zuerst empfangen und dann gebären. Wenn ein Mensch etwas Tugendhaftes hervorbringt, ist ein enormes Maß an Vorbereitung nötig. Gott hat Maria an den Punkt gebracht, an dem er seinen ewigen Plan in die Tat umsetzen konnte. Paulus sagt: »Als die Zeit erfüllt war, sandte Gott seinen Sohn, geboren von einer Frau.«

Marias Vereinigung mit Gott war so stark, dass sie in der Lage war, Gott körperlich zur Welt zu bringen. Alle Bilder des Alten Testaments, die sich auf Gottes Gegenwart beziehen, kristallisieren sich in ihr. Indem sie Gottes Wort körperlich in ihrem Leib empfing, trug Maria aus ihrer menschlichen Substanz zur Entstehung der neuen göttlich-menschlichen Person bei. Mit der Geburt Jesu entstand auch ein neuer Aspekt von Zeit. Das griechische Wort für »erfüllte

Zeit« ist *Kairos*. Der *Kairos* ist die ewige Zeit, die in die chronologische Zeit eindringt, die vertikale Zeit, die die horizontale Zeit durchkreuzt. Daraus folgt, dass das Geheimnis Christi in jedem einzelnen Moment vollkommen zugänglich ist.

Die Liturgie feiert spezielle Ereignisse, um uns für die Tatsache zu sensibilisieren, dass jeder Augenblick heilig ist. Zeit ist Wachstumszeit, nichts anderes. Zeit ist dazu da, alle Elemente des Lebens zu verwandeln, sodass wir Christus in unserer chronologischen Lebenszeit zum Ausdruck bringen können. Marias Beispiel ist gesättigt mit Symbolen der ergreifendsten Art, um in uns die richtige menschliche Antwort auf die ewige Welt zu erwecken, die in die chronologische Zeit eindringt und sie verwandelt. Das *Pleroma*, die Fülle der Zeit, von der Paulus spricht, wenn Christus »alles in allen« sein wird, hängt von dem persönlichen Beitrag ab, den wir als lebende Zellen im Leib Christi leisten. Der gegenwärtige Augenblick ist der Augenblick, in dem die Ewigkeit (vertikale Zeit) in unser Leben eindringt. Deshalb enthält das normale Leben, so wie es ist, bereits die Einladung, göttlich zu werden.

Durch die Ankunft der ewigen Welt in ihrem Körper zeigt uns Maria, was wir mit der vertikalen Zeit anfangen sollen. Sobald wir begriffen haben, dass das Wort Gottes in uns lebt, erkennen wir, dass wir nicht allein sind. Gott lebt in uns, nicht nur als Statue oder Bild, sondern als Energie, bereit, all unser Tun von einem Augenblick zum anderen zu lenken. Daher die Notwendigkeit einer Disziplin von Gebet und Handeln, um uns für die göttliche Energie zu sensibilisieren, die Paulus den Geist nennt, das *Pneuma*, und die wir als Gott übersetzen.

Wie sieht nun aber Marias erste Antwort auf das Geschenk der göttlichen Mutterschaft aus? Sie macht sich auf den Weg, um ihre Cousine Elisabet zu besuchen, die zufälligerweise ebenfalls schwanger ist und Hilfe braucht bei allem, was Frauen so tun, wenn sie sich auf die Geburt eines Kindes vorbereiten: Windeln nähen, die Wiege fertig machen, Söckchen und Mützchen stricken. Maria ging davon aus, dass Gott das jetzt von ihr erwartete. Sie kam gar nicht auf die Idee, irgendjemandem von ihrem unglaublichen Privileg zu erzählen, sondern sie tat, was sie auch sonst tat: Sie machte sich auf den Weg, um jemandem zu dienen, der sie brauchte. Sie tat das, wozu Gottes Handeln uns immer auffordert: Hilf jemandem in deiner Nähe auf ganz einfache, praktische Weise. Indem du lernst, mehr zu lieben, kannst du auch mehr helfen.

Maria ging nicht zu Elisabet, um ihr einen Rat zu geben oder sie zu missionieren: Sie ging, um mit ihr Windeln zu nähen. Das ist wahre Religion – Gott in einer angemessenen Weise im gegenwärtigen Moment Gestalt annehmen zu lassen. Der Engel hatte gesagt, dass Elisabet bald ein Kind bekommen würde. Maria sagte: »Oh, ist das so? Dann wird sie Hilfe brauchen, ich werde gleich zu ihr gehen.« Und sie ging »eilig«, was auf ihren Eifer hindeutet, zu dienen, ohne lange über ihren eigenen Zustand nachzudenken, auch nicht darüber, was Josef oder ihre Mutter über ihre eigene unerwartete Schwangerschaft denken mochten.

Maria betrat Elisabets Haus und begrüßte sie. Die Gegenwart, die sie in ihrem Leib mitbrachte, teilte sich Elisabet im Klang ihrer Stimme mit. Und zur Antwort hüpfte das Baby in Eliabets Bauch vor Freude: Es fühlte sich gesegnet durch Marias schlichten Gruß. Gottes größte Taten finden statt, ohne dass wir irgendetwas Spektakuläres tun. Sie sind einfach Nebenwirkungen der ganz normalen Dinge, die wir tun und tun sollen. Wenn wir verwandelt werden, wird alles in unserem Leben mit verwandelt. Auf eine besondere Weise erschaffen wir die Welt, in der wir leben. Wenn wir Liebe verströmen, wo immer wir gehen, wird diese Liebe zu uns zurückfluten, anders kann es gar nicht sein. Je mehr wir geben, desto mehr empfangen wir.

Marias Beispiel folgend, ist die Grundübung zur Heilung der Wunden unseres falschen Selbst die Erfüllung unserer ganz normalen Pflichten im Leben. Dazu gehört auch, dass wir Menschen helfen, die sich auf uns verlassen. Wenn das Gebet uns daran hindert, dann liegt irgendein Missverständnis vor. Fromme Menschen denken manchmal, wenn ihre Aktivitäten zu Hause oder in der Arbeit mit dem Gebet in Konflikt geraten, dann sei etwas falsch an ihren Aktivitäten. Das Gegenteil ist der Fall: Dann stimmt etwas nicht mit dem Gebet.

Das kontemplative Gebet versetzt uns in die Lage, die Schätze der Heiligung und die Gelegenheiten zum spirituellen Wachstum zu sehen, die jeden Tag in unserem ganz normalen Leben gegenwärtig sind. Wer wirklich verwandelt ist, der kann die Straße hinuntergehen, eine Tasse Tee trinken oder jemandem die Hand schütteln und dabei göttliches Leben in der Welt verströmen. Im christlichen Leben ist Motivation alles. Wenn die Liebe Christi unsere Hauptmotivation ist, dann vermitteln auch ganz normale Handlungen göttliche Liebe. Das ist das grundlegende christliche Zeugnis – Evangelisation in ihrer einfachsten Form.

Die frühen Christen haben die Sache mit der Evangelisation manchmal zu wörtlich genommen; sie haben das Wort Gottes gepredigt, als wäre es ein Selbstzweck. Weil sie heilig waren, hatte ihr Predigen große Wirkung, aber nicht so sehr wie das Zeugnis der Märtyrer. Das Wichtigste bei der Verbreitung des Evangeliums ist die Verwandlung des eigenen Bewusstseins. Wenn das geschieht – und in dem Maße, in dem es geschieht –, entfalten die einfachsten Handlungen ihre Wirkung in der Vermittlung des Geheimnisses Christi an jeden, der uns in unserem Leben begegnet.

Ein geheiligter Mensch ist wie ein Radio- oder Fernsehsender, der Signale aussendet. Jeder, der über die richtige Empfangseinrichtung verfügt, kann die Übertragung empfangen. Marias Besuch bei Elisabet zeigt uns, dass der Klang ihrer Stimme das transzendente

Potenzial in einem anderen Menschen weckte, ohne dass sie etwas Konkretes sagen musste. Sie war einfach Maria, die Bundeslade, will sagen, diejenige, in der Gott lebte. Deshalb hüpfte das Kind in Elisabets Leib, als Maria sie begrüßte: Sein göttliches Potenzial war ganz und gar geweckt worden. Und so erging es auch Elisabet: Sie wurde vom Heiligen Geist erfüllt. Dies ist die erhabenste Form der Kommunikation. Vermittlung ist nicht gleich Predigt. Vermittlung ist die Fähigkeit, in anderen Menschen deren eigenes Potenzial zur Göttlichkeit zu erwecken.

Weihnachten

Im Anfang war das Wort, und das Wort war bei Gott, und das Wort war Gott. Im Anfang war es bei Gott. Alles ist durch das Wort geworden und ohne das Wort wurde nichts, was geworden ist. In ihm war das Leben und das Leben war das Licht der Menschen. Und das Licht leuchtet in der Finsternis und die Finsternis hat es nicht erfasst. Es trat ein Mensch auf, der von Gott gesandt war; sein Name war Johannes. Er kam als Zeuge, um Zeugnis abzulegen für das Licht, damit alle durch ihn zum Glauben kommen. Er war nicht selbst das Licht, er sollte nur Zeugnis ablegen für das Licht. Das wahre Licht, das jeden Menschen erleuchtet, kam in die Welt. Er war in der Welt und die Welt ist durch ihn geworden, aber die Welt erkannte ihn nicht. Er kam in sein Eigentum, aber die Seinen nahmen ihn nicht auf. Allen aber, die ihn aufnahmen, gab er Macht, Kinder Gottes zu werden, allen, die an seinen Namen glauben, die nicht aus dem Blut, nicht aus dem Willen des Fleisches, nicht aus dem Willen des Mannes, sondern aus Gott geboren sind. Und das Wort ist Fleisch geworden und hat unter uns gewohnt und wir haben seine Herrlichkeit gesehen, die Herrlichkeit des einzigen Sohnes vom Vater, voll Gnade und Wahrheit. (Joh 1,1–14)

Im Weihnachtsfest feiern wir den Durchbruch des göttlichen Lichts ins menschliche Bewusstsein. Dieses Licht ist so hell, dass es auf den ersten Blick gar nicht möglich scheint, es in seiner ganzen Bedeutung zu verstehen. Nur durch ein intuitives Begreifen, wie es die Hirten erfuhren, ist es möglich, es zu genießen. Später, wenn unsere Augen sich an das Licht gewöhnen, begreifen wir allmählich alles, was in diesem Mysterium enthalten ist, das im krönenden Fest Epiphanie seinen Höhepunkt findet: die Manifestation des Göttlichen in dem Kind von Betlehem.

Wir wollen nun versuchen zu begreifen, was das heißt: »Das Wort wurde Fleisch«. Das griechische Neue Testament verwendet das Wort *Sarx*. *Sarx* meint das menschliche Sein – die unvollständigen, wenig entwickelten, unreifen Stufen menschlichen Bewusstseins. Die menschliche Natur in ihrer Unterwerfung unter die Sünde. Jesus nahm nicht nur Körper und Seele eines Menschen an, er nahm die menschliche Natur zur Gänze an, einschließlich der instinktiven Bedürfnisse des Menschen und der kulturellen Konditionierung seiner Zeit.

Sarx bezieht sich auf die menschliche Natur in ihrer Abgeschlossenheit in sich selbst – gefallen und ohne Interesse daran, sich wieder aufzurichten. Die menschliche Natur in ihrer Unterwerfung unter das biologische Überleben, um seiner selbst willen oder im Interesse des Clans oder des Stammes, der Nation oder der Rasse.

Das griechische Wort *Soma* hingegen bezieht sich auf den Körper, der offen ist für die Evolution: die menschliche Natur in ihrer Offenheit für die weitere Entwicklung. »Das Wort ist Fleisch geworden« deutet an, dass Jesus, indem er die menschliche Natur mit all ihren Konsequenzen auf sich nahm, der gesamten Menschheit das Prinzip der Transzendenz schenkte und dem Prozess der Evolution einen entschiedenen Schub Richtung Gottesbewusstsein gab.

Im Römerbrief ist Adam das Symbol der Solidarität mit dem Fleisch (Sarx). Alle Menschen haben Anteil an Adams Sarx und bilden auf diese Weise eine gemeinsame Persönlichkeit mit ihm. Indem nun Christus die Natur des Menschen zur Gänze annimmt, durchdringt er sie bis zu den Wurzeln und wird zur Quelle einer neuen gemeinsamen Persönlichkeit, die offen ist für Transzendenz. Der Geist, das Prinzip der Transzendenz, befreit die menschliche Natur (Sarx) zum Übergang in die neue gemeinsame Persönlichkeit, die Paulus als Leib Christi bezeichnet. Unsere Teilhabe am Leib Christi hat eine kollektive und eine kosmische Bedeutung. Die Verweigerung dieser Teilhabe ist die Hauptbedeutung von »Sünde« im Neuen Testament. Es ist die Entscheidung, Fleisch (Sarx) zu bleiben, beherrscht von den egozentrischen Glücksprogrammen der menschlichen Natur. Es ist die Entscheidung gegen den göttlichen Plan der Verwandlung menschlichen Bewusstseins in ein Bewusstsein Christi. Aber genau um diese Verwandlung geht es an Weihnachten. Es geht um das Wachstum, das das Evangelium in Gang setzt und zu dem wir aufgerufen sind. Die egozentrische menschliche Natur sucht und findet immer neue und bessere Wege, so zu bleiben, wie sie ist, denn auf diese Weise scheint unser Überleben garantiert. Aber wer sich für den Status quo entscheidet, entscheidet sich damit für die Solidarität mit Adam und für die Zurückweisung des Christus.

»Allen, die ihn aufnahmen, gab er Macht, Kinder Gottes zu werden«, das heißt, ihre göttliche Quelle kennenzulernen. Das ist das Geheimnis des Wortes, das Fleisch wurde. »Fleisch« meint hier nicht einfach Haut und Knochen, es meint die Wertvorstellungen der Welt aus den egozentrischen Glücksprogrammen, die durch bewusste oder unbewusste Gewohnheiten oder durch eine Überidentifikation mit der eigenen Familie, dem Stamm oder der Nation fest an ihrem Platz gehalten werden. Indem sich Christus der Menschenfamilie anschloss, unterwarf er sich den Konsequenzen des Fleisches und brachte ihr gleichzeitig das Prinzip der Erlösung von allen vorrationalen Bewusstseinsebenen. Unsere eigene Entwicklung zu höheren Bewusstseinsebenen bereitet den Weg für unsere gemeinsame Persönlichkeit des Christus, die allmähliche Entfaltung des neuen Adam. Jedes Tun, das durch diese Vision motiviert ist, jedes Heilen von körperlicher, seelischer oder gesellschaftlicher Krankheit trägt zum Wachstum des Leibes Christi und damit zur Erfüllung der Zeit, zum *Pleroma,* bei. Und die Zeit wird erfüllt sein, wenn genug Individuen das Bewusstsein Christi erreicht und sich zu eigen gemacht haben.

Die Freude des Weihnachtsfestes liegt in dem Begreifen, dass alle Beschränkungen unseres Wachstums in höhere Bewusstseinsebenen überwunden sind. Das göttliche Licht durchschneidet alle Finsternis, Vorurteile, vorgefasste Ideen und Wertvorstellungen, falsche Erwartungen, alle Falschheit und Heuchelei. Es konfrontiert uns mit der Wahrheit. Wenn wir aus der Wahrheit heraus agieren, dann wächst Christus nicht nur in uns selbst, sondern auch in anderen. Auf diese Weise werden die alltäglichsten Pflichten und Ereignisse zum Sakrament, durchdrungen von der Ewigkeit. Und genau das feiern wir in der Liturgie. Der *Kairos*, die richtige, festgelegte Zeit, ist *jetzt*. Oder wie Paulus schreibt: »Jetzt ist die Zeit der Gnade«, das heißt, jetzt ist die Zeit, da die ganze göttliche Gnade uns zur Verfügung steht. Jetzt ist die Zeit, weiteres Wachstum zu riskieren. Und dieses Wachstum bereitet den Weg für die Evolution des Menschen und für die spirituelle Reise. Göttliches Handeln kann unser Leben auf den Kopf stellen, es kann uns in die verschiedensten Formen des Dienstes rufen. Wer aus der Freiheit des Evangeliums lebt, wird bereit sein für jede Eventualität. Die Verpflichtung auf die neue Welt, die Christus erschafft – die neue gemeinsame Persönlichkeit einer erlösten Menschheit –, erfordert Flexibilität und Unabhängigkeit: die Bereitschaft, überall und nirgendwo hinzugehen, zu leben oder zu sterben, zu ruhen oder zu arbeiten, krank oder gesund zu sein, einen Dienst anzunehmen und einen anderen aufzugeben. All das ist wichtig, wenn wir uns dem Bewusstsein Christi öffnen. Diese Achtsamkeit verändert unsere weltlichen Vorstellungen von Sicherheit in eine Sicherheit aus der Annahme einer unbekannten Zukunft heraus, aus Liebe zu Gott. Die größte Sicherheit liegt darin, dieses Risiko auf uns zu nehmen. Alles andere ist gefährlich.

Das Licht der Weihnacht ist eine Explosion von Erkenntnis, die unser gesamtes Gottesbild verändert. Wir legen unsere kindlichen Gottesbilder ab. Und indem wir wie verzaubert auf das Kind in der Krippe blicken, öffnet sich unser innerstes Bewusstsein für das neue Bewusstsein, das dieses Kind in die Welt gebracht hat.

Epiphanie

Der erste Text erinnert an die Offenbarung Jesu in seiner göttlichen Gestalt für die Völker:

> *Nach diesen Worten des Königs machten sie sich auf den Weg. Und der Stern, den sie hatten aufgehen sehen, zog vor ihnen her bis zu dem Ort, wo das Kind war; dort blieb er stehen. Als sie den Stern sahen, wurden sie von sehr großer Freude erfüllt. Sie gingen in das Haus und sahen das Kind und Maria, seine Mutter; da fielen sie nieder und huldigten ihm. Dann holten sie ihre Schätze hervor und brachten ihm Gold, Weihrauch und Myr-*

rhe als Gaben dar. Weil ihnen aber im Traum geboten wurde, nicht zu Herodes zurückzukehren, zogen sie auf einem anderen Weg heim in ihr Land. (Mt 2,9–12)

Der zweite Text erinnert an die Offenbarung Jesu in seiner göttlichen Gestalt für die Juden am Jordan:

In jenen Tagen kam Jesus aus Nazaret in Galiläa und ließ sich von Johannes im Jordan taufen. Und als er aus dem Wasser stieg, sah er, dass der Himmel sich öffnete und der Geist wie eine Taube auf ihn herabkam. Und eine Stimme aus dem Himmel sprach: Du bist mein geliebter Sohn, an dir habe ich Gefallen gefunden. (Mk 1,9–11)

Und der dritte Text erinnert an die Offenbarung Jesu in seiner göttlichen Gestalt für seine Jünger bei der Hochzeit zu Kana:

Am dritten Tag fand in Kana in Galiläa eine Hochzeit statt und die Mutter Jesu war dabei. Auch Jesus und seine Jünger waren zur Hochzeit eingeladen. Als der Wein ausging, sagte die Mutter Jesu zu ihm: Sie haben keinen Wein mehr. Jesus erwiderte ihr: Was willst du von mir, Frau? Meine Stunde ist noch nicht gekommen. Seine Mutter sagte zu den Dienern: Was er euch sagt, das tut! Es standen dort sechs steinerne Wasserkrüge, wie es der Reinigungsvorschrift der Juden entsprach; jeder fasste ungefähr hundert Liter. Jesus sagte zu den Dienern: Füllt die Krüge mit Wasser! Und sie füllten sie bis zum Rand. Er sagte zu ihnen: Schöpft jetzt und bringt es dem, der für das Festmahl verantwortlich ist. Sie brachten es ihm. Er kostete das Wasser, das zu Wein geworden war. Er wusste nicht, woher der Wein kam; die Diener aber, die das Wasser geschöpft hatten, wussten es.

Da ließ er den Bräutigam rufen und sagte zu ihm: Jeder setzt zuerst den guten Wein vor und erst, wenn die Gäste zu viel getrunken haben, den weniger guten. Du jedoch hast den guten Wein bis jetzt zurückgehalten. So tat Jesus sein erstes Zeichen, in Kana in Galiläa, und offenbarte seine Herrlichkeit und seine Jünger glaubten an ihn. Danach zog er mit seiner Mutter, seinen Brüdern und seinen Jüngern nach Kafarnaum hinab. Dort blieben sie einige Zeit. (Joh 2,1–12)

Alle drei Lesungen sind integrale Bestandteile des Epiphaniefestes, des krönenden Festes des Weihnachts- und Epiphanie-Mysteriums und der vollständigen Enthüllung des weihnachtlichen Lichts. Die Offenbarung des göttlichen Jesus für die Völker in der Gestalt der Weisen wird ergänzt durch zwei weitere Ereignisse, bei denen sich Jesu göttliche Gestalt später in seinem Leben offenbarte. Die Liturgie ist im Wesentlichen ein Gleichnis dafür, was die Gnade nun vollbringt; sie lässt historische Überlegungen beiseite und stellt die Texte nebeneinander, um die herausragende Bedeutung dessen zu unterstreichen, was auf unsichtbare Weise durch sichtbare Zeichen vermittelt wird.

Der erste Text beschreibt die Offenbarung der Göttlichkeit Jesu für die Weisen. Sie kamen von den Enden der Erde und sind damit Symbole aller echten Wahrheitssucher aller Zeiten.

Jesu Taufe im Jordan und die Hochzeit zu Kana werden in das Epiphaniefest integriert, um die Perspektive zu erweitern, aus der wir die Göttlichkeit Jesu wahrnehmen. Jesu Taufe durch Johannes repräsentiert die Offenbarung der Göttlichkeit Jesu für die Juden: den Augenblick, in dem Jesus ganz und gar in seine Mission eingeht, die Menschheit zu retten. Seine Taufe im Jordan ist ein Ausblick auf die Gnade des Oster- und Pfingstfestes, wo wir die Geheimnisse des göttlichen Lebens und der Liebe feiern. Das Untertauchen im Jordanwasser nimmt seinen Abstieg in das Leid seiner Passion und seines Todes vorweg, das Auftauchen aus dem Jordan symbolisiert seine Auferstehung, und das Herabsteigen der Taube ist ein Bild der Ausgießung des Heiligen Geistes an Pfingsten.

Alles Wasser ist geheiligt durch seinen Kontakt mit dem Leib Jesu im Jordan. Mehr noch: Jeder Wassertropfen im Universum ist durch die Taufe Jesu zu einem Transportmittel der Gnade geworden. Jede Anfechtung, symbolisiert durch das Wasser des Jordans, ist ein Transportmittel der Gnade geworden. Selbst das Leiden, die unmittelbare Folge der Sünde, ist zu einer unerschöpflichen Quelle der Gnade geworden. Das heißt nicht, dass das Leiden zum Selbstzweck wird, sondern dass es angenommen, durchlitten und überwunden werden muss. Durch die Berührung, die Gegenwart Jesu wird das Leiden zu einem Transportmittel der Heiligung.

Der dritte Text beschreibt die Hochzeit zu Kana, bei der Jesus seinen Jüngern seine Göttlichkeit offenbarte.

Das Epiphaniefest feiert sozusagen die Hochzeit zwischen der Kirche und Christus. Und die Kirche, das sind natürlich wir. Das Hochzeitsfest wird also zum Symbol der göttlichen Hochzeitsfeier in den Seelen derer, die das göttliche Licht erfahren haben, und das Leben und die Liebe, die in diesem Licht enthalten sind. Der Wein ist das Prinzip der Transzendenz, die Christus in die Welt gebracht hat, indem er menschliche Gestalt annahm. Die ganze Menschheit ist in seinem neuen Leben aufgehoben, das durch die Inkarnation und das Erlösungswerk Jesu ein für alle Mal in Gottes Herz aufgenommen wurde. Der Wein ist die Botschaft des Evangeliums, eine Botschaft, die diesen Vorgang ankündigt: Die größte Botschaft aller Zeiten! Die Menschheit ist göttlich geworden! Durch die Taufe nehmen wir die persönliche Einladung an, und indem wir uns von unserem falschen Selbst lösen, nähern wir uns allmählich dem Brautgemach: der ständigen Erkenntnis des Glaubens, dass wir mit Christus vereint sind, der uns mitnimmt bis ans Herz der Dreieinigkeit. Da die Menschen aus Erde geformt sind, wird auch die Erde selbst, durch uns und in uns repräsentiert, in die Welt des Ewigen aufgenommen. In menschlichen Wesen erreicht Gott die höchste vorstellbare Ebene der Selbstmitteilung und sammelt alles, was er erschaffen hat, zur Einheit mit sich.

Die letzte Vereinigung, in der Gott »alles in allem« wird, findet statt, wenn der Wein für alle ausgeschenkt wird. Der Speisemeister sagt zu dem Bräutigam: »Du hast den besten Wein bis jetzt aufgespart.« Es ist der Wein des Geistes, der die Herzen aller erfreut, die ihn trinken.

Die Bedeutung der Hochzeit zu Kana

Am dritten Tag fand in Kana in Galiläa eine Hochzeit statt und die Mutter Jesu war dabei. Auch Jesus und seine Jünger waren zur Hochzeit eingeladen. Als der Wein ausging, sagte die Mutter Jesu zu ihm: Sie haben keinen Wein mehr. Jesus erwiderte ihr: Was willst du von mir, Frau? Meine Stunde ist noch nicht gekommen. Seine Mutter sagte zu den Dienern: Was er euch sagt, das tut! Es standen dort sechs steinerne Wasserkrüge, wie es der Reinigungsvorschrift der Juden entsprach; jeder fasste ungefähr hundert Liter. Jesus sagte zu den Dienern: Füllt die Krüge mit Wasser! Und sie füllten sie bis zum Rand. Er sagte zu ihnen: Schöpft jetzt und bringt es dem, der für das Festmahl verantwortlich ist. Sie brachten es ihm. Er kostete das Wasser, das zu Wein geworden war. Er wusste nicht, woher der Wein kam; die Diener aber, die das Wasser geschöpft hatten, wussten es. Da ließ er den Bräutigam rufen und sagte zu ihm: Jeder setzt zuerst den guten Wein vor und erst, wenn die Gäste zu viel getrunken haben, den weniger guten. Du jedoch hast den guten Wein bis jetzt zurückgehalten. So tat Jesus sein erstes Zeichen, in Kana in Galiläa, und offenbarte seine Herrlichkeit und seine Jünger glaubten an ihn. Danach zog er mit seiner Mutter, seinen Brüdern und seinen Jüngern nach Kafarnaum hinab. Dort blieben sie einige Zeit. (Joh 2,1–12)

Epiphanie als Feier der Vermählung des Gottessohnes mit der menschlichen Natur enthüllt die tiefste Bedeutung der ewigen Welt, die zum menschlichen Wesen wird. Darüber hinaus sind auch wir persönlich dazu aufgerufen, nicht nur zu glauben, sondern uns in göttliches Leben und Liebe zu verwandeln. Die Hochzeit in einer winzigen, unbedeutenden Stadt wird zum Symbol des fantastischsten Ereignisses in der Geschichte der Menschheit, zum erstaunlichsten Beispiel dafür, wie die ewige Zeit in die chronologische Zeit eindringt und sie verwandelt. Der Wein wird knapp, und das Brautpaar steht am Rande einer Blamage – daraus wird ein kosmisches Ereignis. Was Jesus auf dieser Hochzeit tut, symbolisiert sein späteres Werk in seiner Passion, seinem Tod und seiner Auferstehung. Das Wasser in den Krügen ist das Symbol des alten Adam, der Solidarität mit der menschlichen Unvollkommenheit und Sünde. Jesus nimmt dieses Wasser und verwandelt es in Wein – nicht einfach in neues Wasser, sondern in etwas vollkommen anderes! Der spritzige, berauschende Charakter des Weins ist ein Symbol für die Erfahrung der Erfrischung, der Begeisterung und des Hochgefühls – der Früchte des Geistes.

Die Wasserkrüge wurden nach jüdischer Sitte für die Reinigung vor, während und nach dem Mahl gebraucht. Jeder Krug enthielt hundert Liter, insgesamt also sechshundert Liter. Nach der Verwandlung gab es demnach genug Wein, um eine ganze Armee zufriedenzustellen. Das ist ein Bild dafür, dass es für den neuen Wein des Evangeliums keine Grenzen gibt.

Und wer sind die Gäste? Du und ich, natürlich! Wir sehen in diesem Wunder die Offenbarung der Vereinigung Christi mit der Menschheit, eine Hochzeit, die in der Eucharistie vollzogen wird und die Gäste der Neuen Schöpfung annähert. Die gemeinsame Persönlichkeit der neuen Menschheit wird Leib Christi genannt. Der Leib Christi wächst, indem wir ganz persönlich zum göttlichen Leben erwachen. So ist jeder von uns zu dieser Hochzeit eingeladen. Wenn wir die Einladung annehmen, erhalten wir das grenzenlose Geschenk des Geistes, entsprechend dem enormen Überfluss an Wein, den Jesus für das Brautpaar zur Verfügung stellte.

Die drei historischen Ereignisse, die in der Epiphanie-Liturgie betont werden, sind Ausdruck dieser Bewegung der Aufnahme in Christus und der Bewusstseinsänderung.

1. Die Offenbarung der Göttlichkeit des Kindes für die Weisen repräsentiert den Ruf in die Einheit mit Gott für alle Menschen in Vergangenheit, Gegenwart und Zukunft – indem Jesus zu einem Mitglied der Menschenfamilie wird.
2. Die Offenbarung der Göttlichkeit Jesu für die Juden durch die Stimme vom Himmel nach seiner Taufe im Jordan repräsentiert den zweiten Ruf in die Einheit mit Gott. Die Menschheit und jeder Einzelne von uns wird durch das Wasser der Taufe gereinigt und auf die spirituelle Hochzeit mit dem Gottessohn vorbereitet.
3. Die Offenbarung der Göttlichkeit Jesu für die Apostel durch die Verwandlung von Wasser zu Wein bei der Hochzeit zu Kana repräsentiert schließlich den Vollzug der spirituellen Hochzeit Christi mit der menschlichen Natur und mit jedem von uns ganz persönlich.

Jede dieser drei aufsteigenden Einladungen ist aber natürlich von unserer Zustimmung abhängig. Als lebendige Zellen im Leib Christi sind wir Teil eines Prozesses, der sich auf die Erfüllung der Zeit hinbewegt. Dieser Begriff umschreibt das Reifen des Bewusstseins Christi für alle individuellen Zellen im gemeinsamen Leib Christi. Diese transzendente Bewegung ist wie die Hefe in Teig, die uns aus unserem abgetrennten Ich-Bewusstsein heraushebt in das Leben des Geistes, symbolisiert durch den Wein.

Wir können uns an dem alten Adam festklammern und mit ihm solidarisch bleiben, oder wir können die Einladung des Geistes annehmen, der uns unbegrenztes persönliches und gemeinsames Wachstum in Christus, dem neuen Adam anbietet. Diese unglaubliche Einladung wird durch einen Scherz in der Geschichte angedeutet: Maria, die Mutter Jesu, erkennt die prekäre Situation des Brautpaars und sagt zu ihm: »Sie haben keinen Wein.« Jesus erwidert: »Meine Stunde ist noch nicht gekommen.« Als wollte er sagen: »Meine Selbstwahrnehmung als Sohn Gottes ist noch nicht klar geworden, und dieser Akt würde sie zu früh verraten.« Sie aber sagt zu den Dienern: »Tut, was er euch sagt.« Und Jesus lässt sich darauf ein und weist die Diener an, die Krüge mit Wasser zu füllen und etwas davon dem Speisemeister zu bringen, damit er es koste. Als der Speisemeister das Wasser kostet, das in Wein verwandelt wurde, staunt er nicht schlecht. Es ist der beste Wein, den er an diesem Abend bekommen hat. So beeindruckt ist er, dass er zu dem Brautpaar geht und sagt: »Jeder andere schenkt erst den guten Wein aus, und wenn die Gäste genug haben, bringt er noch den Wein, den er loswerden will. Ihr aber habt den besten Wein bis jetzt aufgespart!«

Eine gute Geschichte, aber es steckt mehr darin als ein Witz. Sie soll uns für den Rest unseres Lebens und tatsächlich bis in alle Ewigkeit das fröhliche Lachen erhalten. Wir sollten Rad schlagen, auf und nieder springen, Kopfstand machen! Nicht einmal ein liturgischer Tanz wird diesem Fest gerecht. Die göttliche Liebe steht uns im absoluten Überfluss zur Verfügung. Dies ist das Licht, das sichtbar wird, wenn die Geschenke der Weisen, Symbole für die inneren Schätze Christi, geöffnet werden. All diese Geschenke gehören uns, hier und jetzt, in der Feier der Eucharistie. Der Wein des Geistes wird ausgeschenkt.

Ostern und Himmelfahrt

An jenem Tag werdet ihr erkennen: Ich bin in meinem Vater, ihr seid in mir und ich bin in euch. Wer meine Gebote hat und sie hält, der ist es, der mich liebt; wer mich aber liebt, wird von meinem Vater geliebt werden und auch ich werde ihn lieben und mich ihm offenbaren. (Joh 14,20f)

Einführung

Die theologischen Vorstellungen des göttlichen Lebens und der göttlichen Liebe, die im Epiphaniefest vorweggenommen werden, dem krönenden Fest des Weihnachts- und Epiphanie-Mysteriums, treten jetzt klar in den Vordergrund. Wieder gibt es eine ausgedehnte Zeit der Vorbereitung (Fastenzeit) vor dem Hauptfest, nämlich Ostern. Die Sonntage nach Ostern entfalten die Bedeutung und die Früchte der Auferstehung Christi und finden ihren Höhepunkt im krönenden Fest, nämlich Christi Himmelfahrt.

Die Fastenzeit und die Natur des Menschen

> *Danach trieb der Geist Jesus in die Wüste. Dort blieb Jesus vierzig Tage lang und wurde vom Satan in Versuchung geführt. Er lebte bei den wilden Tieren und die Engel dienten ihm. Nachdem man Johannes ins Gefängnis geworfen hatte, ging Jesus wieder nach Galiläa; er verkündete das Evangelium Gottes und sprach: Die Zeit ist erfüllt, das Reich Gottes ist nahe. Kehrt um, und glaubt an das Evangelium! (Mk 1,12–15)*

Ostern mit seiner ganzen Gnade der inneren Auferstehung steht für die radikale Heilung der menschlichen Natur. In der Fastenzeit, die uns auf diese Gnade vorbereitet, geht es um die Dinge, die der Heilung bedürfen.

Nach Aussage der Entwicklungspsychologie macht jeder Mensch die vorrationalen Entwicklungsstufen bis zur Ausbildung eines vollständig reflexiven Bewusstseins durch, die auch die gesamte Menschheit im Verlauf ihrer Evolution durchlaufen hat. In den ersten sechs Lebensmonaten geht das Kind in der Natur auf und hat kein Bewusstsein einer abgetrennten Identität. Während der Ausdifferenzierung eines Körperbewusstseins formt sich das Gefühlsleben um die instinktiven Triebe: Überleben/Sicherheit, Zuneigung/Wertschätzung und Macht/Kontrolle. Bildmuster, emotionale Reaktionen und Verhalten drehen sich um diese instinktiven Bedürfnisse und lassen ausgefeilte und wohlgehütete Glücksprogramme entstehen (oder Programme zur Vermeidung von Unglücklichsein), die man auch als »Energiezentren« bezeichnen könnte. Mit der Entwicklung der Sprache beginnt das Kind, die Wertvorstellungen von Eltern, anderen Kindern und vorherrschender Leitkultur zu verinnerlichen. Das eigene Selbstbild, das Selbstwertgefühl und das Wertesystem ergeben sich aus den Werten und Erwartungen der Gruppe. Dieser Prozess der Sozialisation verbindet die Energiezentren zu einem komplizierten Netz.

Je weniger die instinktiven Bedürfnisse des Kindes erfüllt werden, desto stärker investiert es seine Energie in die emotionalen Programme, die eines dieser Bedürfnisse oder ihre Gesamtheit befriedigen sollen. Wenn diese Glücksprogramme frustriert werden, steigen sofort schwierige Emotionen wie Trauer, Apathie, Gier, Wollust, Stolz oder Zorn auf. Und wenn diese Emotionen schmerzhaft genug sind, ist der Betroffene absolut bereit, die Rechte und Bedürfnisse anderer mit Füßen zu treten und sich sogar selbst zu schaden, nur um dem Schmerz zu entkommen. Das führt zu jenem Verhalten, das wir als persönliche Sünde bezeichnen. Persönliche Sünde ist das Symptom einer Krankheit, und die Krankheit ist das falsche Selbst: der allmähliche Aufbau emotionaler Glücksprogramme, die in der frühen Kindheit angelegt wurden und sich zu Energiezentren entwickelt haben. Um diese Zentren drehen sich Gedanken, Gefühle, Reaktionen, Mentalitäten, Motivationen und Verhalten. Auf jeder neuen Ebene des menschlichen Bewusstseins wird das Gefühl der Abtrennung stärker, und damit auch die Gefühle von Angst und Schuld. Wenn wir das reflexive Bewusstsein erreicht haben, sind wir bereits mit einem durchdringenden Gefühl von Entfremdung belastet: Entfremdung von uns selbst, von anderen Menschen und von Gott. Wir fühlen uns mehr oder weniger allein in einem potenziell feindseligen Universum. Möglicherweise blicken wir sogar voller Sehnsucht auf die primitiveren Bewusstseinsebenen zurück, auf denen wir noch in der Lage waren, das Leben ohne Selbstreflexion und damit ohne Schuldgefühle zu genießen.

Mit der Entwicklung der Vernunft steht unser Bewusstsein an einem Scheideweg: Auf der einen Seite gibt es den Drang zur Entwicklung einer Persönlichkeit und zur Verantwortung, auf der anderen Seite die Angst vor wachsender Verantwortung und die entsprechenden Schuldgefühle. Aber statt unsere emotionalen Glücksprogramme kritisch anzuschauen, neigt unser Verstand dazu, sie zu rechtfertigen, zu rationalisieren und zu glorifizieren. In diese menschliche Not – und in die liturgische Phase der Fastenzeit – kommt nun Jesus herein und sagt: »Tut Buße, denn das Reich Gottes ist nahe.«

»Buße tun« heißt umkehren: die Richtung wechseln, in der wir nach dem Glück suchen. Der Ruf zur Buße und Umkehr ist eine Einladung, unsere emotionalen Glücksprogramme auf der Grundlage unserer instinktiven Bedürfnisse zu bewerten und zu verändern. Darum geht es im Grunde genommen in der Fastenzeit. Jahr für Jahr, solange die spirituelle Reise weitergeht, werden die zerstörerischen Einflüsse der unbearbeiteten Programme immer deutlicher, und entsprechend wächst auch die Dringlichkeit, sie zu verändern. So kommt der Prozess der Umkehr in Gang und wird weitergeführt. Und am Ende dieses Prozesses steht das Erlebnis innerer Auferstehung, die wir im Oster- und Himmelfahrtsgeheimnis feiern.

Die Liturgie der Fastenzeit beginnt mit der Versuchung Jesu in der Wüste, in der es um die drei Bereiche instinktiver Bedürfnisse geht, die jeder Mensch im Verlauf seines Aufwachsens kennenlernt. Jesus wurde versucht, seinen körperlichen Hunger zu stillen, indem er sich eher auf magische Praktiken verließ als auf Gott. Er wurde in Versuchung geführt, vom Dach des Tempels zu springen, um sich als Wundertäter aufzuspielen. Und er erlebte die Versuchung, vor Satan auf die Knie zu fallen und ihn zu verehren, um dafür absolute Macht über alle Völker dieser Erde zu erhalten. Sicherheit, Wertschätzung, Macht – die drei klassischen Bereiche, in denen die Versuchung mit unseren falschen Glücksprogrammen arbeitet.

Echtes menschliches Wachstum integriert alles, was an den primitiveren Bewusstseinsebenen gut ist, während wir weiter fortschreiten. Nur die Begrenzungen der früheren Ebenen werden abgelegt.

Beispielsweise muss das Bedürfnis nach Sicherheit und Überleben, eine biologische Notwendigkeit für den Säugling, mit anderen Werten integriert werden, wenn der Organismus die Entfaltung seines menschlichen Potenzials erfährt. Für einen Menschen, dessen Sehnsucht nach Sicherheit nie durch den Verstand gemäßigt worden ist, wird es nie genug Sicherheit geben, wie viel Wohlstand oder Macht er auch ansammelt. Ähnlich ist es mit einem Menschen, der seine Sehnsucht nach Zuneigung und Wertschätzung nicht integriert hat und nach einer kritischen Bemerkung eine Woche lang Beruhigungsmittel braucht, um sich von dem Schlag zu erholen.

Hier noch ein Gleichnis aus einer anderen Tradition, die ein Licht auf die Bedeutung der Buße und Umkehr aus christlicher Perspektive werfen kann:

Ein Sufi-Meister hatte den Schlüssel zu seinem Haus verloren und suchte ihn draußen auf dem Rasen, indem er mit den Fingern durch die Grashalme fuhr. Seine Schüler kamen dazu und fragten den Meister, was geschehen sei. »Ich habe meinen Hausschlüssel verloren«, sagte er. »Können wir dir helfen, ihn zu finden?«, fragten sie. »Da wäre ich froh!«, antwortete er. Also knieten sich seine Schüler ebenfalls hin und fuhren mit den Fingern durch das Gras wie er. Nach ein paar Stunden sagte einer von ihnen: »Meister, hast du denn eine Ahnung, wo du den Schlüssel verloren haben könntest?« Er antwortete: »Aber sicher, ich habe ihn im Haus liegen lassen.« Die Schüler schauten sich erstaunt an. »Aber warum suchst du ihn dann hier draußen?«, riefen sie. Der Meister erwiderte: »Weil es hier draußen heller ist!«

Dieses Gleichnis erzählt uns von der Natur des Menschen. Wir alle haben den Schlüssel zum Glück verloren und suchen ihn außerhalb von uns selbst, wo wir ihn unmöglich finden können. Wir suchen draußen, weil es einfacher oder angenehmer ist – es ist heller. Und wir haben Gesellschaft. Wenn wir nach dem Glück in emotionalen Programmen suchen, die uns durch die Symbole von Sicherheit/Überleben, Zuneigung/Wertschätzung und Macht/Kontrolle Befriedigung versprechen, dann gibt es jede Menge Hilfe, weil alle anderen dasselbe tun. Wenn wir aber nach dem Schlüssel an der Stelle suchen, wo wir ihn womöglich finden könnten, dann sind wir vermutlich allein, verlassen von Freunden und Angehörigen, die sich durch unsere Suche sogar bedroht fühlen können. Mangel an Unterstützung auf der spirituellen Reise, ganz zu schweigen von echtem Widerstand, ist eine der schwersten Prüfungen.

Wenn wir uns dazu entschließen, dem Ruf Christi zu folgen, dann stellen wir bald fest, dass unsere emotionalen Glücksprogramme dem Wertesystem des Evangeliums entgegengesetzt sind. Das falsche Selbst, das seit unserer frühen Kindheit fest etabliert ist, fällt nicht auf Kommando tot um. Paulus beschreibt diese Erfahrung messerscharf, wenn er schreibt:

> *Ich weiß, dass in mir, das heißt in meinem Fleisch, nichts Gutes wohnt; das Wollen ist bei mir vorhanden, aber ich vermag das Gute nicht zu verwirklichen. Denn ich tue nicht das Gute, das ich will, sondern das Böse, das ich nicht will. Wenn ich aber das tue, was ich nicht will, dann bin nicht mehr ich es, der so handelt, sondern die in mir wohnende Sünde. Ich stoße also auf das Gesetz, dass in mir das Böse vorhanden ist, obwohl ich das Gute tun will. Denn in meinem Innern freue ich mich am Gesetz Gottes, ich sehe aber ein anderes Gesetz in meinen Gliedern, das mit dem Gesetz meiner Vernunft im Streit liegt und mich gefangen hält im Gesetz der Sünde, von dem meine Glieder beherrscht werden. Ich unglücklicher Mensch! Wer wird mich aus diesem dem Tod verfallenen Leib erretten? Dank sei Gott durch Jesus Christus, unseren Herrn! (Röm 7,18–25)*

Der Kampf zwischen altem und neuem Selbst ist ein ständiges Thema im Neuen Testament. Das falsche Selbst passt sich mühelos den Umständen der spirituellen Reise an, nur um sich nicht wirklich verändern zu müssen. Es manifestiert sein unbedingtes Kreisen um sich selbst in verschiedenen Ausdrucksformen menschlicher Aktivität: im materiellen Streben nach Wohlstand und Macht, in emotionaler Befriedigung in Beziehungen, in intellektuellen Zielen wie einem Doktortitel, in sozialen Zielen wie Status und Prestige, in religiösem Ehrgeiz wie beim Fasten und in der Frömmigkeit und sogar in spirituellen Verpflichtungen wie dem Gebet, der Tugend und jeder Art von Dienst.

Das Evangelium ruft uns dazu auf, die volle Verantwortung für unser emotionales Leben zu übernehmen. Wir neigen dazu, anderen Menschen oder Situationen die Schuld zu geben, wenn wir inneren Aufruhr erleben. Tatsächlich beweisen aufwühlende Emotionen zweifelsfrei, dass das Problem ganz und gar in uns selbst liegt. Wenn wir nicht die Verantwortung für unsere emotionalen Programme auf der Ebene des Unbewussten übernehmen, wenn wir nicht Maßnahmen ergreifen, um sie zu verändern, dann werden sie uns bis ans Ende unseres Lebens beeinflussen. Solange diese Programme arbeiten, können wir andere Menschen und ihren Schrei nach Hilfe nicht hören, weil ihre Probleme sich erst durch unsere eigenen emotionalen Bedürfnisse, Reaktionen und vorgefassten Wertvorstellungen wühlen müssen. Kein noch so umfangreiches theologisches, biblisches oder liturgisches Studium kann das falsche Selbst heilen, denn solange unsere emotionalen Glücksprogramme arbeiten, machen sie sich all diese Studien sofort zunutze.

Das Herzstück christlicher Askese und die Aufgabe für die Fastenzeit bestehen darin, uns mit den unbewussten Wertvorstellungen zu konfrontieren, die die Grundlage der emotionalen Glücksprogramme bilden, und sie zu verändern. Daraus ergibt sich die Notwendigkeit eines Übungsprogramms aus kontemplativem Gebet und Handeln.

Die Versuchungen in der Wüste

Dann wurde Jesus vom Geist in die Wüste geführt; dort sollte er vom Teufel in Versuchung geführt werden. Als er vierzig Tage und vierzig Nächte gefastet hatte, bekam er Hunger. Da trat der Versucher an ihn heran und sagte: Wenn du Gottes Sohn bist, so befiehl, dass aus diesen Steinen Brot wird. Er aber antwortete: In der Schrift heißt es: Der Mensch lebt nicht nur von Brot, sondern von jedem Wort, das aus Gottes Mund kommt. Darauf nahm ihn der Teufel mit sich in die Heilige Stadt, stellte ihn oben auf den Tempel und sagte zu ihm: Wenn du Gottes Sohn bist, so stürz dich hinab; denn es heißt in der Schrift: Seinen Engeln befiehlt er, dich auf ihren Händen zu tragen, damit dein Fuß nicht an einen Stein stößt. Jesus antwortete ihm: In der Schrift heißt es auch: Du sollst den Herrn, deinen Gott, nicht auf die Probe stellen. Wieder nahm ihn der Teufel mit sich und führte ihn auf einen sehr hohen Berg; er zeigte ihm alle Reiche der Welt mit ihrer Pracht und sagte zu ihm: Das alles will ich dir geben, wenn du dich vor mir niederwirfst und mich anbetest. Da sagte Jesus zu ihm: Weg mit dir, Satan! Denn in der Schrift steht: Vor dem Herrn, deinem Gott, sollst du dich niederwerfen und ihm allein dienen. Darauf ließ der Teufel von ihm ab und es kamen Engel und dienten ihm. (Mt 4,1–11)

Die Fastenzeit ist die Zeit, in der die Kirche in ihrer Gesamtheit sich zu einer Art langen Exerzitien zurückzieht. Jesus ging vierzig Tage und Nächte in die Wüste. Die Praxis der Fastenzeit ist eine Teilnahme an der Einsamkeit, dem Schweigen und der Beschränkung, die Jesus in der Wüste erlebte.

Die vierzig Tage der Fastenzeit richten unseren Blick auf eine lange biblische Tradition, die mit der Sintflut im Buch Genesis beginnt, als der Regen vierzig Tage und Nächte lang fiel. Wir lesen von Elia, der vierzig Tage und Nächte zum Berg Gottes wanderte, zum Horeb. Wir lesen von den vierzig Jahren, die das Volk Israel auf dem Weg durch die Wüste verbrachte, um das Gelobte Land zu erreichen. Die biblische Wüste ist vor allem ein Ort der Reinigung, eine Durchgangsstation. Sie ist nicht so sehr ein geografischer Ort – mit Sand, Steinen und Gestrüpp –, sondern vielmehr ein Prozess der inneren Reinigung, die zur vollkommenen Befreiung vom System des falschen Selbst führt, mit all seinen Glücksprogrammen, die nicht funktionieren können.

Jesus nahm freiwillig Menschengestalt an: zerbrechlich, gebrochen, Gott und den Menschen entfremdet. Ein ganzes Programm von egozentrischen Sorgen hat sich um unsere instinktiven Bedürfnisse herum aufgebaut und hat sich zu Energiezentren weiterentwickelt, Quellen der Motivation, um die unsere Emotionen, Gedanken und Verhaltensmuster kreisen wie Planeten um die Sonne. Bewusst oder unbewusst beeinflussen diese Glücksprogramme unsere Weltsicht und unsere Beziehung zu Gott, zur Natur, zu anderen Menschen und zu uns selbst. Um dies zu heilen, ging Jesus in die Wüste. In der Fastenzeit haben wir die Aufgabe, unsere eigenen Glücksprogramme anzuschauen und uns von ihnen zu trennen. Die Schriftlesungen der Fastenzeit und das Beispiel Jesu ermutigen uns in diesem Kampf um innere Freiheit und Umkehr.

Jesus hat uns von den Folgen unserer emotionalen Glücksprogramme befreit, indem er sie selbst erlebt hat. Als Mensch hat er die vorrationalen Stufen der menschlichen Bewusstseinsentwicklung durchlebt und ist ganz in die Welt eingetaucht. Er hat die Entstehung des Körperbewusstseins erlebt, die Entstehung eines Bewusstseins der Konformität – die Überidentifikation mit Familie, Nation, Volk und Religion. Er musste sich mit den speziellen, wenn auch sehr begrenzten Werten jeder einzelnen menschlichen Entwicklungsstufe befassen, vom Säuglingsalter bis zum Alter der Vernunft, ohne freilich jemals mit seinem Willen auf ihre illusorischen Glücksprojekte einzugehen.

Jesus erscheint in der Wüste als Repräsentant der ganzen Menschheit. Er trägt in sich die Erfahrung der menschlichen Not in ihrer ganzen rohen Intensität. Deshalb ist er angreifbar für die Versuchungen des Satans. Satan im Neuen Testament meint den Feind, den Widersacher, einen geheimnisvollen, bösartigen Geist, der mehr zu sein scheint als eine bloße Personifikation unserer unbewussten bösen Neigungen. Die Versuchungen Satans werden von Gott zugelassen, um uns zu helfen, indem er uns mit unseren eigenen bösen Neigungen konfrontiert. Wenn Angehörige und Freunde es nicht schaffen, unsere schlimmsten Eigenschaften zum Vorschein zu bringen – der Satan ist immer noch da, um die Sache zu Ende zu führen. Selbsterkenntnis ist immer ein Experiment; sie lässt uns die ganze Tiefe der menschlichen Schwäche schmecken.

In der Wüste wird Jesus von den primitiven Instinkten der menschlichen Natur in Versuchung geführt. Der Satan spricht zuerst das Bedürfnis nach Sicherheit und Überleben an, das erste der Energiezentren: »Wenn du Gottes Sohn bist, dann befiehl, dass diese Steine Brot werden.«

Nach vierzig Tagen und Nächten im Fasten muss Jesus entsetzlich hungrig gewesen sein. Seine Antwort an Satan lautet aber, dass es nicht an ihm ist, sich zu schützen oder zu retten, sondern dass der Vater für ihn sorgt. »Der Mensch lebt nicht nur vom Brot, sondern von jedem Wort, das aus Gottes Mund kommt.« Gott hat versprochen, für alle zu sorgen, die sich auf ihn verlassen. Jesus weigert sich, seine Rettung in die eigenen Hände zu nehmen, und wartet darauf, dass Gott ihn rettet.

Dann nimmt der Teufel Jesus mit in die Heilige Stadt, stellt ihn auf das Dach des Tempels und fordert ihn auf: »Wenn du Gottes Sohn bist, so stürz dich hinab; denn es heißt in der Schrift: Seinen Engeln befiehlt er, dich auf ihren Händen zu tragen, damit dein Fuß nicht an einen Stein stößt.« Mit anderen Worten: Wenn du Gottes Sohn bist, zeig deine Kraft als Wundertäter. Spring von diesem Wolkenkratzer. Wenn du unten aufstehst und weggehst, werden dich alle für einen tollen Kerl halten und sich vor dir verneigen. Dies ist die Versuchung durch die Liebe zu Ruhm und öffentlicher Wertschätzung.

Zuneigung und Wertschätzung bilden das zweite Energiezentrum. Jeder Mensch braucht ein gewisses Maß an Annahme und Bestätigung. Wenn diese Bedürfnisse auf dem Weg von der frühen Kindheit bis zum Erwachsenenalter nicht befriedigt werden, suchen wir Kompensation für die echten oder eingebildeten Entbehrungen. Je größer die Entbehrungen, desto größer auch der neurotische Antrieb, sie zu kompensieren.

In dem Text zitiert der Satan Psalm 90, das große Lied der Fastenzeit, den Psalm des unerschöpflichen Vertrauens in Gott unter allen Umständen. Der Teufel suggeriert Jesus, dass Gott ihn schützen müsse, wenn er vom Dach des Tempels springe. Aber Jesus antwortet: »Du sollst den Herrn, deinen Gott, nicht versuchen.« Mit anderen Worten: Auch wenn wir noch so viele Beweise von Gottes besonderer Liebe besitzen, dürfen wir unsere Rettung nicht in die eigenen Hände nehmen. Jesus weist das Glücksprogramm zurück, das die Verherrlichung des Selbst als Wundertäter oder spirituell Erleuchteter suchen würde.

Das dritte Energiezentrum ist das Verlangen, den Lauf der Dinge zu kontrollieren und andere Menschen zu beherrschen. Satan nimmt Jesus mit auf einen hohen Berg und breitet vor ihm alle Königreiche der Welt aus. Er verspricht ihm: »Das alles will ich dir geben, wenn du dich vor mir niederwirfst und mich anbetest.« Die Versuchung, Satan anzubeten, um im Tausch dafür die Symbole unbeschränkter Macht zu erhalten, ist die letzte Anstrengung des falschen Selbst, seine eigene Unverletzlichkeit und Unsterblichkeit zu erreichen. Aber Jesus erwidert: »Weg mit dir, Satan! Denn in der Schrift steht: Vor dem Herrn, deinem Gott, sollst du dich niederwerfen und ihm allein dienen.« Anbetung Gottes ist das Mittel der Wahl gegen Stolz und Machtgelüste. Der Dienst für andere, nicht die Herrschaft, ist der Weg zum wahren Glück.

Aus Liebe zu uns erlebt Jesus also die Versuchungen der ersten drei Energiezentren. Und in jeder Fastenzeit lädt er uns wieder ein, ihm in die Wüste zu folgen und seine Prüfungen zu teilen. Die Fastengebote sind dazu da, uns die Verringerung emotionaler Investitionen in die Programme der frühen Kindheit leichter zu machen. Der letzte Zweck der Fastenzeit ist jedoch die Befreiung von dem gesamten System des falschen Selbst. Dieser Prozess hat immer Ostern als Ziel. Das wichtigste Fastengebot ist die Konfrontation mit dem falschen Selbst. Fasten, Beten und Almosen dienen diesem Projekt. Indem wir unsere emotionalen Glücksprogramme loslassen, fallen die Hindernisse für ein auferstandenes Leben mit Jesus weg, und unsere Herzen bereiten sich vor auf das Eindringen der göttlichen Liebe an Ostern.

Die Verklärung

Sechs Tage danach nahm Jesus Petrus, Jakobus und dessen Bruder Johannes beiseite und führte sie auf einen hohen Berg. Und er wurde vor ihren Augen verwandelt; sein Gesicht leuchtete wie die Sonne und seine Kleider wurden blendend weiß wie das Licht. Da erschienen plötzlich vor ihren Augen Mose und Elija und redeten mit Jesus. Und Petrus sagte zu ihm: Herr, es ist gut, dass wir hier sind. Wenn du willst, werde ich hier drei Hütten bauen, eine für dich, eine für Mose und eine für Elija. Noch während er redete, warf eine leuchtende Wolke ihren Schatten auf sie und aus der Wolke rief eine Stimme: Das ist mein geliebter Sohn, an dem ich Gefallen gefunden habe; auf ihn sollt ihr hören. Als die Jünger das hörten, bekamen sie große Angst und warfen sich mit dem Gesicht zu Boden. Da trat Jesus zu ihnen, fasste sie an und sagte: Steht auf, habt keine Angst! Und als sie aufblickten, sahen sie nur noch Jesus. Während sie den Berg hinabstiegen, gebot ihnen Jesus: Erzählt niemand von dem, was ihr gesehen habt, bis der Menschensohn von den Toten auferstanden ist. (Mt 17,1–9)

Am ersten Fastensonntag waren wir eingeladen, Jesus in die Wüste zu begleiten, um dem grundlegenden Rahmen der menschlichen Natur zu begegnen: den emotionalen Glücksprogrammen, die sich um die instinktiven Bedürfnisse der frühen Kindheit bilden und zu Energiezentren heranwachsen. Wir reagieren, denken, fühlen und handeln weiterhin von diesen Motivationszentren her, wenn wir uns nicht selbst in die Hand nehmen und versuchen, sie zu verändern. Jesus, der ganz Mensch war, trug die Wurzeln dieser emotionalen Programme in sich, als er vom Kind zum Erwachsenen heranwuchs.

In diesem Text geht es um die Weiterführung der Einladung zur inneren Reinigung, die für die Vereinigung mit Gott notwendig ist. Auf dem Berg wird Jesus verklärt, das heißt, die göttliche Quelle seiner menschlichen Persönlichkeit dringt in Form von Licht aus jeder Pore seines Körpers. Sein Gesicht wird hell wie die Sonne. Selbst seine Kleider haben Anteil an dem Strahlen der inneren Herrlichkeit, das aus seinem Körper strömt. Durch die Auswahl dieses Texts für den zweiten Sonntag der Fastenzeit legt die Liturgie den Finger auf die Früchte, die aus unserem Kampf mit den Versuchungen, mit unseren bewussten oder unbewussten emotionalen Programmierungen, aus dem Sterben des falschen Selbst erwachsen. Umkehr und Buße führen zur Kontemplation.

Die Verklärung zeigt uns das Bewusstsein, das Jesus besaß und das nicht an die dreidimensionale Welt gebunden war. Die große Welt der Einheit mit der letzten Wirklichkeit versetzte ihn in die Lage, mit der gesamten Schöpfung in Vergangenheit, Gegenwart und Zukunft in Verbindung zu stehen.

Die Verklärung enthüllt aber auch die Denkweise und die Voraussetzungen der Apostel als Paradigmen der Bewusstseinsentwicklung derer, die im Glauben wachsen. Mit dieser Erfahrung wird ihnen ein besonderer Blick auf die Welt geschenkt, über die Grenzen von Raum und Zeit hinaus. Zuerst sind sie mehr als glücklich über den spürbaren Trost, der Körper und Geist durchflutet, während ihnen die Vision der Herrlichkeit Christi bewusst wird. Dann wird ihnen klar, welche Forderungen die neue Welt ihnen stellen wird, und sie sind zutiefst erschrocken. Am Ende der Vision erleben sie die Vergewisserung von Jesu Gegenwart und Berührung. Diese Gegenwart übersteigt bei Weitem die vergängliche Süße des ersten Geschmacks spürbaren Trosts. Ihre äußeren und inneren Sinne werden beruhigt durch das Ehrfurcht gebietende Mysterium der Stimme aus den Wolken. Und sobald ihre Sinne sich beruhigt haben und in das spirituelle Erlebnis aufgenommen sind, das ihre intuitiven Fähigkeiten wahrgenommen haben, sind sie bereit, sich der Führung des Geistes zu überlassen.

Besonders bemerkenswert ist der Einfluss des falschen Selbst bei Petrus. Zuerst ist er überwältigt von dem Licht, das der Gegenwart Jesu entströmt. Wie die anderen Apostel genießt er es mit allen Sinnen. Er sieht, wie Mose und Elija wunderbarerweise erscheinen und mit Jesus sprechen. Beide Propheten haben ihrerseits vierzig Tage der Reinigung erlebt, der eine auf dem Berg Sinai, der andere auf seiner langen Wanderung zum Horeb. In der spirituellen Welt gibt es keine Grenzen von Zeit und Raum, hier sind alle miteinander verbunden.

Petrus' Reaktion auf die Vision ist spontan: »Das ist großartig! Lass uns eine Dauereinrichtung daraus machen, lass uns drei Hütten bauen: eine für Jesus, eine für Mose und eine für Elija.« Ein sehr gastfreundlicher Vorschlag, aber ganz und gar unangemessen. Wie es seine Gewohnheit ist, drängt sich Petrus in den Vordergrund. Ungebeten ergreift er die Initiative: »Lass uns drei Hütten bauen.« Doch plötzlich überschattet eine Wolke Jesus, die Propheten und die drei Apostel und bringt selbst Petrus zum Schweigen. Eine Stimme sagt: »Dies ist mein geliebter Son, auf den sollt ihr hören.« Die Apostel fallen auf ihre Gesichter in Ehrfurcht, Lobpreis, Dankbarkeit und Liebe – alles in einem.

In dieser Haltung bleiben die Apostel, bis Jesus sie anrührt. »Habt keine Angst«, sagt er. Und als sie aufblicken, sehen sie nur noch Jesus. Die Gotteserfahrung mag zunächst erschreckend sein, aber bald wird sie zu einer Erfahrung der Vergewisserung. Tatsächlich gibt es keinen Grund, sich zu fürchten, weil wir für die Einheit mit Gott geschaffen sind.

Hier finden wir das Grundmuster des christlichen Weges. Durch sein Beispiel und seine Lehre erreicht uns Jesus von außen, um uns für seine göttliche Gegenwart in unserem Inneren zu wecken. Das ewige Wort Gottes hat immer schon in unserem Inneren zu uns gesprochen, aber wir waren nicht in der Lage, seine Stimme zu hören. Wenn wir angemessen vorbereitet sind, wird das innere Wort für uns hörbar. Das äußere Wort der Heiligen Schrift und das innere Wort aus den Tiefen unseres Seins vereinigen sich. Unser inneres Erleben wird bestätigt durch das, was wir in der Liturgie hören und in der Heiligen Schrift lesen.

Die ideale Voraussetzung für die Begegnung mit Gott ist die Sammlung unseres gesamten Seins in schweigender, wachsamer Aufmerksamkeit. Die Übung des inneren Schweigens bringt allmählich zur Entfaltung, was die Stimme in der Vision in einem Augenblick hervorbrachte: die Fähigkeit zuzuhören. Sie zieht das falsche Selbst aus seinem Kreisen um sich selbst und gestattet es dem wahren Selbst, in unser Bewusstsein zu dringen.

Offenbarung im wahrsten Sinne des Wortes geschieht, wenn wir uns für Christus öffnen, für seine Gegenwart erwachen. Die äußere Welt Gottes und der Liturgie macht uns bereit für die Erfahrung des auferstandenen Lebens in uns. Diesem Ziel dienen die geistlichen Übungen der Fastenzeit: dem Erwachen für die göttliche Gegenwart aus dem »Grund unseres Seins«, wie Meister Eckhardt es nannte – der Seinsebene, die in Christus von Natur aus göttlich ist und in uns durch die Teilhabe an seiner Göttlichkeit.

Der verlorene Sohn

Alle Zöllner und Sünder kamen zu ihm, um ihn zu hören. Die Pharisäer und die Schriftgelehrten empörten sich darüber und sagten: Er gibt sich mit Sündern ab und isst sogar mit ihnen. Da erzählte er ihnen ein Gleichnis und sagte: Wenn einer von euch hundert Schafe hat und eins davon verliert, lässt er dann nicht die neunundneunzig in der Steppe zurück und geht dem verlorenen nach, bis er es findet? Und wenn er es gefunden hat, nimmt er es voll Freude auf die Schultern, und wenn er nach Hause kommt, ruft er seine Freunde und Nachbarn zusammen und sagt zu ihnen: Freut euch mit mir; ich habe mein Schaf wiedergefunden, das verloren war. Ich sage euch: Ebenso wird auch im Himmel mehr Freude herrschen über einen einzigen Sünder, der umkehrt, als über neunundneunzig Gerechte, die es nicht nötig haben umzukehren. Oder wenn eine Frau zehn Drachmen hat und eine davon verliert, zündet sie dann nicht eine Lampe an, fegt das ganze Haus und sucht unermüdlich, bis sie das Geldstück findet? Und wenn sie es gefunden hat, ruft sie ihre Freundinnen und Nachbarinnen zusammen und sagt: Freut euch mit mir; ich habe die Drachme wiedergefunden, die ich verloren hatte. Ich sage euch: Ebenso herrscht auch bei den Engeln Gottes Freude über einen einzigen Sünder, der umkehrt. Weiter sagte Jesus: Ein Mann hatte zwei Söhne. Der jüngere von ihnen sagte zu seinem Vater: Vater, gib mir das Erbteil, das mir zusteht. Da teilte der Vater das Vermögen auf. Nach wenigen Tagen packte der jüngere Sohn alles zusammen und zog in ein fernes Land. Dort führte er ein zügelloses Leben und verschleuderte sein Vermögen. Als er alles durchgebracht hatte, kam eine große Hungersnot über das Land und es ging ihm sehr schlecht. Da ging er zu einem Bürger des Landes und drängte sich ihm auf; der schickte ihn aufs Feld zum Schweinehüten. Er hätte gern seinen Hunger mit den Futterschoten gestillt, die die Schweine fraßen; aber niemand gab ihm davon. Da ging er in sich und sagte: Wie viele Tagelöhner meines Vaters haben mehr als genug zu essen und ich komme hier vor Hunger um. Ich will aufbrechen und zu meinem Vater gehen und zu ihm sagen: Vater, ich habe mich gegen den Himmel und gegen dich versündigt. Ich bin nicht mehr wert, dein Sohn zu sein; mach mich zu einem deiner Tagelöhner. Dann brach er auf und ging zu seinem Vater. Der Vater sah ihn schon von weitem kommen und er hatte Mitleid mit ihm. Er lief dem Sohn entgegen, fiel ihm um den Hals und küsste ihn. Da sagte der Sohn: Vater, ich habe mich gegen den Himmel und gegen dich versündigt; ich bin nicht mehr wert, dein Sohn zu sein. Der Vater aber sagte zu seinen Knechten: Holt schnell das beste Gewand und zieht es ihm an, steckt ihm einen Ring an die Hand und zieht ihm Schuhe an. Bringt das Mastkalb her und schlachtet es; wir wollen essen und fröhlich sein. Denn mein Sohn war tot und lebt wieder; er war verloren und ist wiedergefunden worden. Und sie begannen, ein fröhliches Fest zu feiern. Sein älterer Sohn war unterdessen auf dem Feld. Als er heimging und in die Nähe des Hauses kam, hörte er Musik und Tanz. Da rief er einen der Knechte und fragte, was das bedeuten solle. Der Knecht antwortete: Dein Bruder ist gekommen und dein Vater hat das Mastkalb schlachten lassen, weil er ihn heil und gesund wiederbekommen hat. Da wurde er zornig und wollte nicht hineingehen. Sein Vater aber kam heraus und redete ihm gut zu. Doch er erwiderte dem Vater: So viele Jahre schon diene ich dir, und nie habe ich gegen deinen Willen gehandelt; mir aber hast du nie auch nur einen Ziegenbock geschenkt, damit ich mit meinen Freunden ein Fest feiern konnte. Kaum aber ist der hier gekommen, dein Sohn, der dein Vermögen mit Dirnen durchgebracht hat, da hast du für ihn das Mastkalb geschlachtet. Der Vater antwortete ihm: Mein Kind, du bist immer bei mir, und alles, was mein ist, ist auch dein. Aber jetzt müssen wir uns doch freuen und ein Fest feiern; denn dein Bruder war tot und lebt wieder; er war verloren und ist wiedergefunden worden. (Lk 15,1–32)

Um die Hauptstoßrichtung dieses bemerkenswerten Gleichnisses zu verstehen, sollten wir uns daran erinnern, wem die Geschichte erzählt wurde. Die Sünder hatten sich versammelt, um Jesus zuzuhören und zu erfahren, was er ihnen zu sagen hatte, um ihn »abzuchecken«. Einige Schriftgelehrte und Pharisäer waren ebenfalls anwesend. Sie beklagten sich, dass er sich mit Steuereintreibern und Prostituierten gemein machte und mit ihnen herumlungerte. Steuereintreibung galt zu dieser Zeit als die niedrigste Form, seinen Lebensunterhalt zu verdienen. Jesus zeigt uns ein Bild von Gott, das sie alle schockiert haben dürfte. Er spricht von Jahwe als Abba, Vater, als dem Gott unendlichen Mitgefühls. Eine revolutionäre Art, von Gott zu sprechen, verglichen mit dem zu dieser Zeit gebräuchlichen Bild von Jahwe als dem »Herrn der Heerscharen«.

Der Vater in diesem Gleichnis ist ein wohlhabender Mann mit zwei Söhnen. Der jüngere Sohn scheint überhaupt keinen Verstand im Kopf zu haben. Er verlangt vorzeitig sein Erbteil, weil er seinen Spaß haben will, bevor er zu alt dazu ist, und das kostet Geld. Also bittet er seinen Vater, ihm zu geben, was ihm zusteht. Er sagt nicht, was er mit dem Geld vorhat, und der Vater fragt ihn auch nicht; er zieht es vor, dem Sohn zu vertrauen, der ja schließlich erwachsen ist. Es dauert dann auch nur drei Tage, bis der junge Mann seine Sachen gepackt hat und in die Welt hinauszieht. Er geht in ein fernes Land, wo ihn niemand kontrolliert und wo er die größtmögliche Freiheit hat, zu tun, was er will. Mit seinem Luxusleben braucht er das Vermögen allerdings schnell auf. Und das Erbteil stand ihm ja nicht einfach so zu, jemand anderer hat dafür gearbeitet – er war nur zufällig der Erbe.

Dieser jüngere Sohn ist kein besonders guter Manager. Er trinkt viel und verschleudert sein Geld. Und was geschieht? Das, was bei Projekten zum reinen Vergnügen nun mal geschieht: Seine Pläne entwickeln sich nicht wie erwartet. Die Umstände sind gegen ihn. Für manche Leute ist dies der einzige Weg zu begreifen, dass ihre emotionalen Glücksprogramme tatsächlich Programme menschlichen Elends sind. Sie machen pleite, durchleiden eine schmerzhafte Trennung, verlieren ein Kind bei einem Unfall, erfahren Zurückweisung von den Menschen, die sie am meisten lieben, werden alkohol- oder drogenabhängig und landen irgendwann unter der Brücke oder in der Psychiatrie. Dort dämmert ihnen dann endlich, dass ihre Glücksprojekte nicht ganz so funktionieren, wie sie es erwartet haben.

Ähnlich ist es bei diesem jungen Mann. Erst als er wirklich in die Katastrophe schliddert, begreift er, dass er einen Fehler gemacht hat. In dem Land, in dem er lebt, bricht eine Hungersnot aus. Bald hungert auch er, und der einzige Job, den er bekommt, ist der als Schweinehirte. Doch er darf nicht einmal von dem Schweinefutter essen, um seinen Hunger zu stillen. In seiner Umgebung kann nichts schlimmer sein als die Beschäftigung mit Schweinen. Der junge Mann ist wirklich ganz unten angekommen. Er beginnt darüber nachzudenken, wie es den Tagelöhnern bei seinem Vater zu Hause ergangen ist. Sie haben zwar keinen Anteil am Erbe, aber doch immerhin genug zu essen. Schweren Herzens verlässt er das Land seiner Träume und unbegrenzten Freuden – seine Phantasien sind durch die Hungersnot, seinen schändlichen Beruf und seinen nagenden Hunger zunichtegemacht worden. Die Wirklichkeit hat sich kräftig in seine emotionalen Glücksprojekte eingemischt, wie sie es immer tut.

Er entschließt sich, zu seinem Vater zurückzukehren, und macht sich auf die lange Heimreise. Und auf dem Weg bereitet er eine Rede vor, die er seinem Vater halten will. »Vater, ich habe gesündigt gegen Gott und gegen dich. Ich verdiene es nicht länger, dein Sohn zu sein. Behandle mich wie einen deiner Knechte.«

Als er sich dem väterlichen Anwesen nähert, sieht ihn sein Vater schon von Weitem. Offenbar hat der leidtragende Vater schon nach seinem lange verlorenen Sohn Ausschau gehalten. Sobald er ihn entdeckt, läuft er die Straße hinunter, um ihn zu begrüßen, umarmt ihn stürmisch und küsst ihn. Der junge Mann hält seine vorbereitete Ansprache, aber der Vater lässt ihn gar nicht ausreden. Er kommt nur bis an den Punkt, an dem er sagt, er sei unwürdig, Sohn genannt zu werden, er kann gar nicht mehr sagen: »Behandle mich wie einen deiner Knechte«, denn sein Vater ist viel zu sehr damit beschäftigt, ihn zu küssen und zu umarmen.

Der Vater ruft sofort seine Diener, damit sie das feinste Gewand herbeibringen, einen kostbaren Ring, Sandalen für die blutenden Füße des Sohnes. Und sie sollen das gemästete Kalb schlachten und zubereiten, um die Rückkehr zu feiern. Die Party beginnt. Es gibt Tanz, Musik, und alle amüsieren sich großartig. Der Vater strahlt vor Glück, und der Rückkehrer beginnt, einen Schimmer von seinem alten Selbstrespekt wiederzuerlangen. Alles ist wie vor seiner Abreise, eher noch schöner.

Dieser erste Teil der Geschichte war eindeutig an die Steuereintreiber gerichtet, an die Sünder und Prostituierten, die Jesus zufällig zuhörten. Aber dann hörten sie von dem älteren Sohn, der auf dem Feld gearbeitet hat. Er hört den Festlärm und fragt einen der Diener: »Was ist das für ein Jubel?« Und als er erfährt, dass sein Taugenichts von einem Bruder, der mit der Hälfte des Vermögens verschwunden ist und alles durchgebracht hat, der Grund für die Feier ist, da kocht er vor Zorn. Standhaft weigert er sich, an der Party teilzunehmen. Sein Vater hört das und tritt aus dem Haus, um ihn zu tadeln. Der ältere Sohn will aber nicht zuhören; stattdessen schnauzt er den alten Mann in einem Ausbruch an, der von Härte gegen seinen Bruder und von Bitterkeit gegen den Vater gekennzeichnet ist. »Das ist ungerecht«, beklagt er sich. »Der Kerl hat das Erbe verschleudert, für das du so hart gearbeitet hast. Ich habe mein Leben lang für dich geschuftet wie ein Sklave, und du hast mir nie auch nur ein Zicklein gegeben, damit ich mit meinen Freunden feiern konnte!«

Sein Vater erwidert: »Mein Sohn, alles, was mein ist, ist auch dein. Aber wir mussten doch feiern und jubeln, denn dein Bruder hier war tot, und nun lebt er wieder.«

Die Geschichte endet, ohne dass wir erfahren, ob der ältere Sohn ins Haus gegangen ist und an dem Fest teilnahm. Aber so viel ist sicher: In dem Gleichnis geht es nicht nur um den verlorenen Sohn. Es geht um zwei verlorene Söhne. Der ältere Bruder ist, wie sich herausstellt, ein größerer Sünder als der jüngere. Er ist vielmehr der Verlorene, weil er sich weigert zu vergeben. Er ist genauso scharf auf das Erbe, oder eher noch mehr als der jüngere Sohn, der es verschwendet hat, um seinen Spaß zu haben. Das Erbe war für ihn ein Symbol von Prestige, Sicherheit und Macht. Er dachte, er könne sich seinen Anteil sichern, indem er ihn sich erarbeitete. Aber Erlösung, das höchste Erbe, um das es in diesem Gleichnis geht, kann man nicht verdienen, es kann nur empfangen werden. Das göttliche Erbe ist das Bankett der väterlichen Liebe. Der verlorene Sohn hat die Einladung zum Bankett angenommen. Der ältere Sohn hat sie ausgeschlagen. Er hat nicht verstanden, dass das göttliche Erbe darin besteht, an der Liebe des Vaters teilzuhaben: einer Liebe, die unter der einen Bedingung ausgeteilt wird, dass wir sie als Geschenk annehmen. Der jüngere Sohn hat durch seine persönliche Katastrophe begriffen, dass seine egozentrischen Glücksprojekte zum Scheitern verurteilt waren. Der ältere hatte das Privileg, den stillen Ruf in ein Wachstum zu hören, das sich in der treuen Erfüllung seiner Pflichten als ältester Sohn vollzog. Unglücklicherweise hindern ihn seine egozentrischen Glücksprojekte aber daran, das kostbare Geschenk zu empfangen, das ihm angeboten wurde. Und so verschleudert er sein Erbe genauso wie sein jüngerer Bruder.

Dieses Gleichnis erschöpft sich nicht darin, das Wertesystem seiner Zeit auf den Kopf zu stellen. Die selbstgerechten Pharisäer glaubten ja, dass die besondere Gunst Gottes ihnen wegen ihrer guten Werke zustand. Von diesem Blickwinkel aus fiel es ihnen leicht, diejenigen zu verachten, die den Schwächen der menschlichen Natur anheimfielen. Dies ist die typische Haltung von Menschen, die Gott um der Belohnung willen dienen. Als Ergebnis ihres Dienstes glaubten sie, sie hätten auf jeden Fall Anspruch auf ihren Lohn. Und sie beschwerten sich, weil Jesus Gottes Vergebung den Prostituierten und andere Sündern anbot. Das Gleichnis als Jesu Antwort auf ihre Klagen sagt, dass Sündern, die von der Gesellschaft ausgestoßen werden, das Reich Gottes eher annehmen werden. Anders als die Pharisäer haben die Sünder nicht das Gefühl, Gott schulde ihnen etwas. Die Schriftgelehrten und Pharisäer hatten alle Gebote gehalten außer dem einen, dem wichtigsten, nämlich dem Gebot der Liebe.

Das Gleichnis lädt uns ein, unser eigenes Wertesystem zu überprüfen. In der Fastenzeit geht es um Buße und Umkehr, um das Loslassen unseres falschen Wertesystems, damit wir uns den Werten des Evangeliums umso besser öffnen zu können. Der wichtigste Punkt an diesem Gleichnis ist die Einladung an jeden von uns (mit welchem Sohn auch immer wir uns identifizieren wollen), zu begreifen, dass das Reich Gottes reines Geschenk ist. Das göttliche Erbe gehört weder uns noch irgendjemand anderem. Es ist das Ergebnis der reinen Güte unseres Vaters. Der Vater in diesem Gleichnis ist charakterisiert durch bedingungslose Liebe zu beiden Söhnen, die beide ihr Erbteil verschwendet haben, indem sie es auf ihre eigene Weise in Besitz nehmen wollten. Alle beide sind gleichermaßen schuldig, weil sie die Güte und Liebe dieses ungewöhnlichen Vaters zurückgewiesen haben, der sich aber von ihnen beiden nicht enttäuschen lässt, weder von dem wilden Lotterleben des jüngeren Sohnes noch von der bitteren Selbstgerechtigkeit des älteren. Der ältere Sohn bekommt genauso viel Gnade angeboten wie der jüngere, aber aufgrund seiner Selbstgerechtigkeit fällt es ihm eher noch schwerer, sie anzunehmen. Sein Stolz erlaubt es ihm nicht, das Erbe als reines Geschenk anzunehmen.

Eigentlich gibt es gar kein Erbe, sondern nur die treue Verwaltung dessen, was uns aus freien Stücken gegeben wird. Als Verwalter haben wir die Verpflichtung, mit anderen Menschen die Gnade zu teilen, die wir empfangen haben. Mit diesem Wertesystem erschütterte Jesus die konventionelle Frömmigkeit seiner Zeitgenossen bis ins Mark.

Marta und Maria

Sie zogen zusammen weiter und er kam in ein Dorf. Eine Frau namens Marta nahm ihn freundlich auf. Sie hatte eine Schwester, die Maria hieß. Maria setzte sich dem Herrn zu Füßen und hörte seinen Worten zu. Marta aber war ganz davon in Anspruch genommen, für ihn zu sorgen. Sie kam zu ihm und sagte: Herr, kümmert es dich nicht, dass meine Schwester die ganze Arbeit mir allein überlässt? Sag ihr doch, sie soll mir helfen! Der Herr antwortete: Marta, Marta, du machst dir viele Sorgen und Mühen. Aber nur eines ist notwendig. Maria hat das Bessere gewählt, das soll ihr nicht genommen werden. (Lk 10,38–42)

An diesem Text haben sich Exegeten aller Zeiten abgearbeitet, und er dient als Grundlage für die Unterscheidung zweier christlicher Lebensstile: des kontemplativen und des aktiven Lebens. Bei genauerem Hinschauen geht es jedoch in dieser Geschichte eigentlich nicht um die Frage, welche Lebensweise vollkommener ist, sondern um die Qualität christlichen Lebens überhaupt. Jesus tadelt an Martas Lebensweise ja nicht ihre guten Werke, von denen er durchaus profitiert, sondern ihre Motive. Die Qualität des Dienstes entspringt nicht der Aktivität selbst, sondern der Reinheit der Absichten. Das Evangelium kennt nur einen Blick: den Blick der Liebe, die Sehnsucht, Gott in all unserem Tun Freude zu bereiten, was auch immer wir tun mögen. Jesu Verteidigung der Maria, die zu seinen Füßen sitzt, ist keine Entschuldigung für Faulpelze, die ihre Aufgaben vernachlässigen. Sie bietet aber denjenigen, die schwer arbeiten, auch keinen Grund, sich aufzuregen, wenn Menschen mit einem kontemplativen Lebensstil ihnen nicht zu Hilfe eilen.

Die Geschichte von Marta und Maria ist ein Gleichnis auf die Qualität des christlichen Lebens, eine Geschichte vom Wachstum und von der Notwendigkeit der kontemplativen Dimension des Evangeliums als Voraussetzung für dieses Wachstum. Wenn Jesus zu Marta sagt, Maria habe das Bessere gewählt, dann sagt er ihr damit, sie solle selbst in ihrem Leben einen Ort für diese kontemplative Dimension finden, denn diese Perspektive würde ihre guten Taten noch besser machen. Und er weist auch Maria darauf hin, dass es noch etwas Besseres gibt als das gute Teil, nämlich die Verbindung von Kontemplation und Aktion.

Die Reinheit der Absicht, die in der Kontemplation entsteht, verleiht der Aktion die Qualität der Liebe. Ohne kontemplatives

Gebet wird Aktion leicht zur mechanischen Routine, führt zur Erschöpfung und am Ende womöglich zum Burnout. Zumindest wird es kaum möglich sein, die Goldader zu entdecken, die im alltäglichen Leben enthalten ist. Der Alltag ist die wichtigste Übung für jeden Christen, aber ohne die Disziplin des kontemplativen Gebets kann er allzu leicht aufhören, eine Übung zu sein. Die kontemplative Dimension des Evangeliums lässt uns in unserem Alltag die Schätze der Heiligkeit entdecken, die in den belanglosesten, profansten Ereignissen verborgen liegen.

Jesu Stellungnahme ist ein Ruf an Marta *und* Maria, nicht nur an Marta. Ihr Verhalten war gut, Marias war besser, aber wirklich gut genug war keins von beiden. Beide müssen sich bewegen, um jene Harmonie und Vereinigung ihrer Wege zu erreichen, die in der kontemplativen Dimension des Evangeliums liegt. Durch das kontemplative Gebet geraten wir unter den Einfluss des Heiligen Geistes, sowohl im Beten wie im Handeln. Und erst dann wird unser Tun wirklich zum Gebet. Gebet bedeutet Beziehung und ist deshalb fähig zu einem fast grenzenlosen Wachstum. Beziehung kann endlos wachsen, vor allem unsere Beziehung zu dem unendlichen Gott. Das Gebet ist die Beziehung, in der die Reinheit des Herzens, die durch die Entleerung unseres Unbewussten und die Entlarvung des falschen Selbst erreicht wurde. Sie öffnet uns für den Willen Gottes in allem und versetzt uns in die Lage, aus einer Haltung göttlicher Liebe auf die Ereignisse unseres Alltags zu reagieren.

Jesus sagt zu Marta: »Du machst dir viel Sorgen und Mühe.« Die Sorge ist hier das Schlüsselwort; damit ist gemeint, dass sie zu viel Anhänglichkeit an ihr eigenes Tun besitzt oder möglicherweise sogar an Marias Nichtstun. Sie dient dem Herrn, um sich selbst eine Freude zu bereiten, nicht mit reinem Herzen, das Gott erfreuen will und tun will, was die göttliche Liebe in jeder beliebigen Situation tun würde. Ihre Aufregung weist auf die Tatsache hin, dass eines ihrer emotionalen Glücksprogramme frustriert worden ist. An ihrem Tun ist gar nichts Falsches, aber ihre Aufregung deutet darauf hin, dass sie unter dem Einfluss des falschen Selbst steht und nicht unter dem Einfluss der Reinheit göttlicher Inspiration.

Dieses Gleichnis macht uns Mut, eine Integration von Handeln und Beten anzustreben. Die Zeit des kontemplativen Gebets ist der Punkt, wo sich die kreative Vision der Vereinigung mit Christus und ihre Inkarnation im täglichen Leben treffen. Ohne diese tägliche Konfrontation kann die kontemplative Vision zu einer privaten Spielerei des Perfektionismus versteinern oder das schleichende Gift einer Selbstbefriedigung im Gebet in sich aufnehmen. Andererseits kann unser Tun ohne die kontemplative Vision, die sich täglich im kontemplativen Gebet erneuert, in Gefahr geraten, sich zu sehr um sich selbst zu drehen und Gott zu vergessen. Die kontemplative Dimension garantiert die Vereinigung von Marta und Maria. Diese Vereinigung wird durch Lazarus, das dritte Mitglied ihres Haushalts, symbolisiert. Er ist das Symbol der Vereinigung von aktivem und kontemplativem Leben. Die geheimnisvolle Krankheit, die zu seinem Tod führt, ist die Selbsterkenntnis: die Wahrnehmung des falschen Selbst. Und als das auferstandene Leben Christi aus der Asche seines falschen Selbst aufsteigt, betritt er die Freiheit und Freude des göttlichen Lebens.

Teresa von Ávila sagt, die transformierende Vereinigung könne man mit der Verwandlung der Raupe in einen Schmetterling vergleichen. Das Leben eines Schmetterlings transzendiert das Leben der Raupe ganz und gar, aber die Raupe trägt zu dem Vorgang bei, indem sie ihren eigenen Kokon spinnt. Durch die regelmäßige Übung des kontemplativen Gebets und durch die Entlarvung der emotionalen Glücksprogramme spinnen wir ebenfalls unseren eigenen Kokon, lassen das falsche Selbst sterben und warten auf den Moment der Auferstehung.

Die Salbung in Betanien

Als Jesus in Betanien im Haus Simons des Aussätzigen bei Tisch war, kam eine Frau mit einem Alabastergefäß voll echtem, kostbarem Nardenöl, zerbrach es und goss das Öl über sein Haar. Einige aber wurden unwillig und sagten zueinander: Wozu diese Verschwendung? Man hätte das Öl um mehr als dreihundert Denare verkaufen und das Geld den Armen geben können. Und sie machten der Frau heftige Vorwürfe. Jesus aber sagte: Hört auf! Warum lasst ihr sie nicht in Ruhe? Sie hat ein gutes Werk an mir getan. Denn die Armen habt ihr immer bei euch und ihr könnt ihnen Gutes tun, so oft ihr wollt; mich aber habt ihr nicht immer. Sie hat getan, was sie konnte. Sie hat im Voraus meinen Leib für das Begräbnis gesalbt. Amen, ich sage euch: Überall auf der Welt, wo das Evangelium verkündet wird, wird man sich an sie erinnern und erzählen, was sie getan hat. (Mk 14,3–9)

Dieser Text muss eine große Bedeutung haben. Wo auch immer das Evangelium gepredigt wird, wird von diesem Ereignis erzählt werden, sodass jeder von der Hingabe dieser Frau an Jesus erfährt. Im Johannesevangelium wird sie mit Maria aus Betanien gleichgesetzt. Johannes erzählt die Geschichte folgendermaßen: Sechs Tage vor Pessach kam Jesus nach Betanien. Das Haus von Lazarus, Marta und Maria war eine Lieblingsstation für Jesus, wenn er nach Jerusalem ging.

Maria aus Betanien ist eine der wenigen Personen in den Evangelien, die genau beschrieben wird. Wie wir im letzten Kapitel gesehen haben, führte sie ein kontemplatives Leben. Wir sahen sie, wie sie zu Füßen Jesu saß und ihm zuhörte – die Grundhaltung des kontemplativen Gebets. Das Evangelium erzählt, dass sie seinem *Wort* lauschte, nicht seinen *Worten*. Sie folgte nicht seiner Lehre, sondern sie hörte *ihm* zu, dem Sprecher. Sie identifizierte sich mit der göttlichen Person, dem menschgewordenen Wort jenseits seiner menschlichen Worte. Sie hatte sich auf eine tiefere Ebene der Identifikation mit ihm begeben, jenseits von Denken, Fühlen und Tun. Und sie ist ein großartiges Beispiel für die Qualität des kontemplativen Gebets: die Verinnerlichung der *Person* Jesus Christus, nicht nur seiner Worte und seiner Lehre.

Jesus bedeutete das offensichtlich sehr viel, denn er ließ nicht zu, dass ihre Schwester sie mit ihren Zudringlichkeiten störte. Es gibt nur wenige Menschen auf dieser Erde, die ähnlich vehement von der göttlichen Weisheit selbst verteidigt worden sind. Als Antwort auf Marias Gebet hatte Jesus ein paar Tage zuvor Lazarus von den Toten auferweckt.

Das Abendessen in Betanien wurde zu Ehren Jesu gegeben, sechs Tage vor seiner Passion und seinem Tod. Die Obrigkeit arbeitete im Hintergrund schon eifrig an seiner Vernichtung; Judas hatte bereits beschlossen, ihn in die Hand seiner Feinde auszuliefern. Simon der Aussätzige war Gastgeber bei diesem Essen. Marta übernahm wie immer die Rolle der perfekten Gastgeberin, und Lazarus saß als Gast mit am Tisch. Eine interessante Gruppe war da versammelt: Jesus, der Messias; Maria, die kontemplative Frau; Marta, die aktive Frau; Simon, der Aussätzige; Judas, der Dieb, und Lazarus, der ehemalige Tote. Ein ziemlich bunt zusammengewürfelter Haufen, ähnlich wie eine typische Sonntagsgemeinde im Gottesdienst. Jesus sucht sich nicht immer die respektablen Honoratioren als Gäste aus.

Alle hatten sich zurückgelehnt – bis auf Maria. Als sie hereinkam, wandten sich alle Blicke ihr zu. Jeder im Raum wusste, dass sie Jesus innig liebte. Sie brachte einen Krug aus Alabaster mit, in dem ein Pfund Nardenparfüm aufbewahrt wurde. Ein Pfund Nardenparfüm kostete extrem viel Geld. Später erfahren wir, dass es etwa dreihundert Denarii wert war, der durchschnittliche Jahreslohn eines normalen Arbeiters.

Sie betrat also den Raum mit diesem Alabasterkrug, der bis zum Rand mit dem kostbaren Parfüm gefüllt war, und ging zu Jesus, der sich zurückgelehnt hatte. Plötzlich, ohne ein Wort zu sprechen, zerschlug sie das Gefäß und salbte mit dem Inhalt sein Haupt. Ein Pfund unglaublich teures Parfüm! Der köstliche Duft verwehte, bis er das ganze Haus erfüllte. Johannes fügt noch hinzu, dass Maria auch die Füße Jesu salbte und dann mit ihren Haaren trocknete.

Die Gäste sind wie vom Donner gerührt. Niemand hat so etwas jemals getan. Ist die Frau verrückt geworden? Allmählich fassen sich die Jünger wieder und beginnen zu murren. Sie sagen zueinander: »Warum hat man dieses teure Parfüm nicht verkauft und das Geld den Armen gegeben? Was für eine Verschwendung!«

Johannes spricht von Judas als dem Anführer dieses Murrens und kommentiert sarkastisch: »Er sagte das aber nicht aus Liebe zu den Armen, sondern weil er ein Dieb war und sich aus der gemeinsamen Kasse bediente und das Geld selbst einsteckte.« Die anderen Jünger äußern sich aber ebenfalls negativ über die Frau.

Jesus greift mit den Worten ein: »Lasst sie in Ruhe.« Er ist von Kopf bis Fuß tropfnass von dem Parfüm, gesättigt mit dem Zeug, mit einem ganzen Pfund!

Wenn eine wohlhabende Dame zu einem wichtigen Essen eingeladen ist und sich besonders gut präsentieren will, sprüht sie sich vielleicht ein wenig Parfüm ins Haar. Aber wie viel? Einen Tropfen, vielleicht zwei. Was würde sie davon halten, wenn ihr Mann hereinkäme und zu ihr sagte: »Liebling, ich möchte, dass du gut duftest«, und ihr ein Pfund des teuersten Parfüms, das auf dem Markt zu haben ist, über den Kopf schüttete?

Das Haus ist erfüllt von einer dichten Wolke köstlichen Parfüms, die durch alle Zimmer wabert. Ein überwältigender Duft. Die Jünger beschweren sich weiter. Niemand kann mehr essen, das Mahl ist beendet. Marias erstaunliche Tat hat die festliche Atmosphäre vollkommen erschüttert. Alle regen sich auf – alle bis auf Jesus.

»Warum belästigt ihr sie?«, fährt er fort. »Sie hat auf wunderbare Weise ihre Hingabe zu mir ausgedrückt.« Der Meister hat die Bedeutung der symbolischen Geste begriffen. Maria ist in das Geheimnis der wahren Identität Jesu eingedrungen, weit mehr als die Jünger.

Im kulturellen Kontext der Zeit war es eine höfliche Geste, das Haupt eines Ehrengastes mit Öl zu salben, ihm die Füße zu waschen und ihn mit einem Kuss zu grüßen. Dies waren die normalen Höflichkeitsbezeugungen, die jedem Gast bei einem wichtigen Essen zukamen. Was Maria mit ihrer symbolischen Geste ausdrücken wollte, war etwas anderes: »Jesus ist kein normaler Gast. Die normalen Höflichkeitsbezeugungen reichen nicht aus.«

Maria wusste, was die Obrigkeit gegen Jesus ausheckte, und sie wollte die Tiefe ihres Glaubens an Jesus auf eine Weise bestätigen, die auf keinen Fall missverstanden werden konnte. Jemand musste das tun, bevor es zu spät war. Und alle Anwesenden mussten begreifen, dass sie, indem sie ihn mit dem teuren Parfüm, dem Symbol ihrer Liebe salbte, ihrer Hingabe an ihn Ausdruck verlieh und sich an ihn verschenkte. Aber die tiefste Bedeutung ihrer symbolischen Geste war nicht einfach nur das Verschenken, sondern die Totalität dieses Geschenks. Sie salbte ihn nicht nur mit dem teuren Parfüm, sie zerschlug die Flasche und leerte den gesamten Inhalt über seinem Kopf aus! Sie warf sich selbst weg, könnte man auch sagen, sie leerte jeden einzelnen Tropfen des Parfüms aus, in einer Geste der Fülle und der Verschwendung des vollkommenen Geschenks. Das ist die Bedeutung ihrer ungewöhnlichen Geste, wie Jesus sie verstand. Deshalb berührte sie ihn so. »Ihr habt immer Arme bei euch«, sagt er. »Mich habt ihr nicht immer bei euch. Sie hat getan, was sie konnte: Indem sie meinen Leib gesalbt hat, hat sie ihn gerade rechtzeitig für mein Begräbnis vorbereitet.«

Die Salbung der Toten war eines der jüdischen Begräbnisrituale zur Zeit Jesu. Indem er sich auf diese Praxis bezieht, führt Jesus ein weiteres Element in die außergewöhnliche Geste der Frau ein. Das Zerschlagen des Krugs mit dem köstlichen Parfüm beschreibt nicht nur Marias vollkommenes Geschenk ihrer selbst an Christus, es beschreibt auch die Vollkommenheit des Geschenks, das uns der Vater in Christus macht. Ihr Tun nimmt die Zerschlagung von Jesu Körper am Kreuz vorweg. Sein Körper ist der Alabasterkrug mit dem unendlich wertvollen Parfüm, das heißt, mit dem Geist Gottes. Er muss zerbrochen werden, damit der göttliche Geist, der in ihm lebt, sich grenzenlos über die ganze Welt ergießen und die gesamte Menschheit mit göttlicher Liebe erfüllen kann.

Marias prophetisches Tun deutet auf die Zerschlagung von Jesu Körper am Kreuz hin, als Symbol der unendlichen Barmherzigkeit des Vaters, als sichtbares Zeichen der göttlichen Grundhaltung der Menschheit gegenüber: bedingungslose Liebe. In der Passion Jesu wirft Gott sich selbst weg und stirbt für uns, könnte man auch sagen.

Bei diesem bemerkenswerten Zwischenfall bringt Maria ihre Vorahnung von dem zum Ausdruck, was Jesus tun wird. Mehr noch: Sie identifiziert sich so innig mit ihm, dass sie dieselbe Haltung des radikalen Verschenkens einnimmt, die auch er am Kreuz zeigen wird. Sie hat von Jesus gelernt, wie man sich selbst wegwirft und Gott gleich wird. Deshalb muss diese Geschichte erzählt werden, wo auch immer man das Evangelium predigt. Die Erinnerung an Maria in Ewigkeit fortsetzen, das heißt, die ganze Welt mit dem Parfüm der göttlichen Liebe füllen, einer Liebe, die sich vollkommen selbst verschenkt. Konkret heißt das: die Armen und Angefochtenen salben, die liebsten Glieder am Leib Christi – sie mit seiner Liebe salben.

Ich und der Vater sind eins

Euer Herz lasse sich nicht verwirren. Glaubt an Gott und glaubt an mich! Im Haus meines Vaters gibt es viele Wohnungen. Wenn es nicht so wäre, hätte ich euch dann gesagt: Ich gehe, um einen Platz für euch vorzubereiten? Wenn ich gegangen bin und einen Platz für euch vorbereitet habe, komme ich wieder und werde euch zu mir holen, damit auch ihr dort seid, wo ich bin. Und wohin ich gehe – den Weg dorthin kennt ihr. Thomas sagte zu ihm: Herr, wir wissen nicht, wohin du gehst. Wie sollen wir dann den Weg kennen? Jesus sagte zu ihm: Ich bin der Weg und die Wahrheit und das Leben; niemand kommt zum Vater außer durch mich. Wenn ihr mich erkannt habt, werdet ihr auch meinen Vater erkennen. Schon jetzt kennt ihr ihn und habt ihn gesehen. Philippus sagte zu ihm: Herr, zeig uns den Vater; das genügt uns. Jesus antwortete ihm: Schon so lange bin ich bei euch und du hast mich nicht erkannt, Philippus? Wer mich gesehen hat, hat den Vater gesehen. Wie kannst du sagen: Zeig uns den Vater? Glaubst du nicht, dass ich im Vater bin und dass der Vater in mir ist? Die Worte, die ich zu euch sage, habe ich nicht aus mir selbst. Der Vater, der in mir bleibt, vollbringt seine Werke. Glaubt mir doch, dass ich im Vater bin und dass der Vater in mir ist; wenn nicht, glaubt wenigstens aufgrund der Werke! Amen, amen, ich sage euch: Wer an mich glaubt, wird die Werke, die ich vollbringe, auch vollbringen und er wird noch größere vollbringen, denn ich gehe zum Vater. (Joh 14,1–12)

Der grundlegende Text des praktischen Christentums lautet: »Ich und der Vater sind eins.« (Joh 10,30) Christus ist in die Welt gekommen, um uns von unseren Sünden zu erlösen, aber dies ist nur die grundlegende Voraussetzung für unser letztes Schicksal. Die Ursache aller Sünde ist das falsche Selbst. Das Gefühl eines getrennten Selbst ist natürlich bereits gleichbedeutend mit dem falschen Selbst, aber nicht *allein* mit dem falschen Selbst, wie wir noch sehen werden. Das falsche Selbst muss Christus unterworfen werden, durch die Liebe zu seiner heiligen Menschlichkeit und zu der göttlichen Person, die sie besitzt. Christus ist der Weg zum Vater. Seine menschliche Natur und Persönlichkeit ist die Tür zu seiner Göttlichkeit. Durch Identifikation mit ihm als menschlichem Wesen finden wir zu unserem wahren Selbst, dem göttlichen Leben in uns, und beginnen mit der Integration in das Leben des Vaters, des Sohnes und des Heiligen Geistes.

Christus ist gekommen, um mit jedem von uns seine eigene, persönliche Erfahrung des Vaters zu teilen. Aber selbst wenn das getrennte Selbst mit Christus verbunden worden ist, ist es immer noch ein Selbst. Der letzte Zustand, in den wir gerufen sind, liegt hinter jedem festen Bezugspunkt wie dem Selbst. Er überschreitet die persönliche Vereinigung mit Christus, über die Paulus spricht, wenn er sagt: »Nicht mehr ich lebe, sondern Christus in mir.« (Gal 2,20)

Der Tod Jesu am Kreuz war der Tod seines persönlichen Selbst, das in seinem Fall ein göttliches Selbst war. Christi Auferstehung und Himmelfahrt ist seine Reise in die letzte Wirklichkeit: das Opfer und der Verlust seines göttlichen Selbst, um mit der Gottheit vereint zu sein. Da alle Wirklichkeit die Manifestation der Gottheit ist und Christus in diese Gottheit aufgenommen wurde, ist er überall und in allem gegenwärtig. Der Kosmos ist jetzt gleichbedeutend mit dem verherrlichten Christus, der in jedem seiner Teile gegenwärtig ist.

Eine Vereinigung mit Christus am Kreuz – unser Eingehen in seine Erfahrung – führt zum Tod unseres getrennten Selbst. Wenn wir das Kreuz Christi annehmen, erklären wir uns bereit, das Selbst als festen Bezugspunkt aufzugeben. Wir lassen alle Trennung sterben, bis hin zum Sterben des verwandelten Selbst. Es geht darum, mit Gott vereint zu *sein*, nicht nur darum, diese Vereinigung zu *erleben*.

Jesu Einladung, jeden Tag das Kreuz auf uns zu nehmen und ihm zu folgen, ist ein Aufruf dazu, das zu tun, was er tatsächlich getan hat. Er ist der Weg, und er lädt uns ein, seinem Beispiel Schritt für Schritt zu folgen, bis in den Schoß des Vaters. Er ist die Wahrheit, und er teilt mit uns, indem wir an seinem Kreuzestod teilhaben, die Erfahrung der Transpersonalität des Vaters. Er ist das Leben, und er führt uns zur Einheit mit der Gottheit, jenseits aller persönlichen und unpersönlichen Beziehungen. Auf dem christlichen Weg lernen wir Gott zunächst als personalen Gott kennen, dann als transpersonalen Gott und schließlich als letzte Wirklichkeit jenseits aller persönlichen und unpersönlichen Kategorien. Da Gottes Existenz, sein Wissen und sein Tun eins sind, können wir auch die letzte Wirklichkeit als »Das, was ist« entdecken.

Die Passion

> *Und sie brachten Jesus an einen Ort namens Golgota, das heißt übersetzt: Schädelhöhe. Dort reichten sie ihm Wein, der mit Myrrhe gewürzt war; er aber nahm ihn nicht. Dann kreuzigten sie ihn. Sie warfen das Los und verteilten seine Kleider unter sich und gaben jedem, was ihm zufiel. Es war die dritte Stunde, als sie ihn kreuzigten. Und eine Aufschrift (auf einer Tafel) gab seine Schuld an: Der König der Juden. Zusammen mit ihm kreuzigten sie zwei Räuber, den einen rechts von ihm, den andern links. Die Leute, die vorbeikamen, verhöhnten ihn, schüttelten den Kopf und riefen: Ach, du willst den Tempel niederreißen und in drei Tagen wieder aufbauen? Hilf dir doch selbst*

und steig herab vom Kreuz! Auch die Hohenpriester und die Schriftgelehrten verhöhnten ihn und sagten zueinander: Anderen hat er geholfen, sich selbst kann er nicht helfen. Der Messias, der König von Israel! Er soll doch jetzt vom Kreuz herabsteigen, damit wir sehen und glauben. Auch die beiden Männer, die mit ihm zusammen gekreuzigt wurden, beschimpften ihn. Als die sechste Stunde kam, brach über das ganze Land eine Finsternis herein. Sie dauerte bis zur neunten Stunde. Und in der neunten Stunde rief Jesus mit lauter Stimme: Eloï, Eloï, lema sabachtani?, das heißt übersetzt: Mein Gott, mein Gott, warum hast du mich verlassen? Einige von denen, die dabeistanden und es hörten, sagten: Hört, er ruft nach Elija! Einer lief hin, tauchte einen Schwamm in Essig, steckte ihn auf einen Stock und gab Jesus zu trinken. Dabei sagte er: Lasst uns doch sehen, ob Elija kommt und ihn herabnimmt. Jesus aber schrie laut auf. Dann hauchte er den Geist aus. Da riss der Vorhang im Tempel von oben bis unten entzwei. (Mk 15,22–38)

Das Dilemma ist, wie wir schon gesehen haben, eine der wichtigsten Erfahrungen auf der spirituellen Reise. Und niemand hat das so sehr erlebt wie Jesus. Mit »Dilemma« meine ich eine prinzipielle Krise, die ein überwältigendes Gewissensproblem aufwirft. Zwei offensichtliche Pflichten, die beide unbedingte Erfüllung fordern, scheinen einander diametral entgegengesetzt. Das ist nicht gleichzusetzen mit dem Problem, ganz unten anzukommen, von wo aus es nur noch aufwärtsgehen kann. Es handelt sich um das grauenhafte Problem, zwei entgegengesetzte Güter zu sehen, die nicht miteinander verbunden werden können. Unser Dilemma ist nicht die Wahl zwischen Gut und Böse – das wäre eine Versuchung. Es ist eine Wahl zwischen zwei offensichtlichen Gütern. Es kann aber auch sein, dass in unserem Leben ein Ereignis eintritt, das unseren tiefsten Loyalitäten entgegensteht, unserer geistlichen Tradition, unserer religiösen Erziehung oder unserer kulturellen Konditionierung. Eine solche Wahl oder ein solches Ereignis führt zu unglaublicher Not, vor allem für jene, die ein besonders reines Gewissen haben. Für eine Krise dieser Art gibt es keine Lösung auf rationaler Ebene. Das Dilemma kann nur aufgelöst werden, indem wir uns auf eine höhere Bewusstseinsebene begeben, wo die beiden scheinbar unvereinbaren Gegensätze aufgelöst werden, nicht durch eine rationale Erklärung, sondern im Licht einer neuen Perspektive, die die Gegensätze als einander ergänzend und nicht als Widerspruch sieht.

Eines der klassischen Beispiele für eine solche Krise begegnet uns im Buch Ijob, einem der größten Weisheitsbücher des Alten Testaments. Während eines großen Teils dieses Buches kämpft Ijob mit dem Problem des unschuldigen Leidens.

Er weiß, dass er unschuldig ist, und doch erlebt er ungeheures Leiden auf jeder Ebene seines Daseins. Am Ende sitzt er auf einem Misthaufen, von Kopf bis Fuß mit Wunden bedeckt. All seinen Besitz, seine Familie und seine Freunde hat er verloren, und er ist überwältigt von körperlichen Gebrechen. Dabei hat er Gott niemals beleidigt. Bevor sein Unglück begann, war er von allen als gerechter Mann anerkannt. Die Menschen, die ihn trösten wollen – Repräsentanten der kulturellen Vorstellungen seiner Zeit –, sagen ihm immer wieder: »Wenn du nur zugeben würdest, dass du gesündigt hast, dann würde Gott dir vergeben und dein Leiden aufheben.«

In Ijobs Tagen war Unglück das Zeichen für eine persönliche Sünde. Entweder hatte man früher im Laufe seines Lebens etwas Falsches getan, oder man hatte eine verborgene Sünde begangen. Ijob war mit dem Dilemma konfrontiert, seiner eigenen Integrität treu zu bleiben (da er wusste, dass er nichts Falsches getan hatte) oder Gott der Ungerechtigkeit anzuklagen, weil er sein Leiden zuließ, als hätte er ein heimliches Verbrechen begangen. Ijob hält die

Behauptung seiner Unschuld das ganze Buch hindurch aufrecht. Sein Dilemma besteht darin, Gott nicht der Ungerechtigkeit anzuklagen und trotzdem seinem Gewissen treu zu bleiben, das ihm sagt, er habe nichts Falsches getan.

Die Lösung für Ijobs Dilemma ergibt sich im letzten Kapitel des Buches, als Gott ihm eine höhere Schau der Wirklichkeit ermöglicht, ohne das Geheimnis des unschuldigen Leidens aufzuklären. Gott scheint zu sagen, dass das Leid eines der Rätsel des Lebens ist, ein unausweichlicher Teil des Lebens.

Ijobs Leiden hilft uns zu verstehen, welches Dilemma in Jesu Passion enthalten war. In der Wüste hatte Jesus die menschliche Natur genauso konkret erlebt, wie wir sie erfahren, nämlich in Gestalt der emotionalen Programmierungen aus unserer frühen Kindheit. Indem sich Jesu Leben entfaltete, wuchs seine Wahrnehmung der persönlichen Einheit mit dem Vater stetig an. Und als er sich dem Ende seines Lebens näherte, enthüllte er den Gott des Volkes Israel nicht als Herrn der Heerscharen, der Furcht oder der reinen Transzendenz, sondern als Gott des Mitgefühls, als eine Gegenwart, die sich mit unglaublicher Zärtlichkeit über die Geschöpfe beugt, mit Sorge und Zuneigung. Gleichzeitig ist Gott ein strenger Trainer für seine Kinder, damit sie in das transzendente Schicksal hineinwachsen können, das er für sie vorgesehen hat.

Niemand kannte Gott so, wie Jesus ihn kannte. Er durchdrang die Tiefen der letzten Wirklichkeit und enthüllte, dass das innere Leben des grenzenlosen Seins Beziehung heißt: Eine Gemeinschaft von Personen, die unendliches Leben und Liebe teilen. Jesus ging auf in dieser Beziehung, machte sie sich zu eigen und versuchte, sie seinen Jüngern mitzuteilen. Für ihn war der Vater, Abba, absolut alles. Als er in das Alter der Vernunft und des reflexiven Bewusstseins eintrat, litt Jesus nicht unter einem Gefühl der Trennung von Gott, wie wir es erleben, wenn wir in das Stadium des rationalen Bewusstseins eintreten. Dieses Gefühl der Trennung ist die Quelle unseres tiefen Gefühls von Unvollständigkeit, Schuld und Entfremdung.

Jesus nahm die Natur des Menschen immer konkreter an, je länger er lebte. Im Garten Getsemani nahm er die Schuld der Welt auf sich, mit allen Konsequenzen. Er durchlebte jede Form der Einsamkeit, Schuld und Qual, die du und ich und jedes andere menschliche Wesen jemals durchlebt haben. Die grausige Summe des gesammelten menschlichen Elends, der Sünde und Schuld senkte sich auf ihn herab. Er fühlte sich von seinem Vater dazu aufgefordert, sich mit diesem Elend in all seiner Größe und seinem Schrecken zu identifizieren. Das war das Dilemma, von dem Jesus im Garten Getsemani so deutlich sprach. Nachdem er die Apostel vergeblich angefleht hatte, eine Stunde mit ihm zu wachen, zog er sich ein kleines Stück von ihnen zurück, fiel aufs Gesicht und schrie: »Abba, wenn es möglich ist, lass diesen Kelch an mir vorbeigehen!« Die klare Erkenntnis, dass er von seinem Vater aufgefordert worden war, sich so weit von ihm zu entfernen wie je ein Mensch entfernt gewesen war, versetzte ihn in unvorstellbaren Schrecken. Indem er das getrennte Selbst in sein innerstes Sein aufnahm, *wurde* Jesus zur Sünde. Wie Paulus schreibt: »Er, der nichts von Sünde wusste, wurde selbst zur Sünde für unsere Erlösung.«

Jesus war zerrissen zwischen zwei Wahlmöglichkeiten, zerrissen in dem Dilemma: Muss ich zur Sünde werden und dafür meine persönliche Beziehung zum Vater aufgeben? Oder anders gesagt: Muss ich zur Sünde werden und dafür die Trennung von dem Einen erfahren, der mein ganzes Leben ist?

Sein Gebet geht aber weiter: »Aber nicht wie ich will, Vater, sondern wie du willst.«

Drei Mal spricht Jesus diese Bitte aus, und während er betet, treten blutige Schweißtropfen auf seine Stirn, das Zeichen für den unaussprechlichen Schrecken seines Dilemmas. Die Quelle dieses

Schreckens war nicht so sehr die Aussicht auf körperliches Leiden, sondern der bevorstehende Verlust seiner persönlichen Beziehung mit dem Einen, der ihm alles bedeutete.

»Vater, wie kann ich, dein Sohn, zur Sünde werden?« Das ist der bittere Kelch, den Jesus so verzweifelt zu vermeiden sucht. Und doch wiederholt er aus unendlicher Liebe zum Vater und zu uns mit wachsender Verzweiflung: »Nicht mein Wille geschehe, sondern deiner.«

»Mein Vater, wenn es möglich ist, lass diesen Kelch an mir vorbeigehen.« (Mt 26,39) Das ist die Stimme der menschlichen Schwäche, die sich ausstreckt nach der Unendlichkeit, die Stimme der menschlichen Sünde, die Jesus auf sich nahm und mit der er sich im Garten Getsemani vereinte.

»Nicht wie ich will, sondern wie du willst.« Das ist die Stimme der unendlichen göttlichen Liebe zu uns, die im Herzen Christi pocht und die alles und allen vergibt. Unendliche Schwäche und unendliche Liebe treffen sich in der Passion und im Tod Jesu. Unsere Qual ist zu seiner Qual geworden.

Jesus erhebt sich nach seinem Gebet und kehrt zu den Jüngern zurück, die er schlafend vorfindet. Im Augenblick größter Isolation und Bedürftigkeit findet er keine menschliche Unterstützung. Bald werden bis auf einen alle Apostel davonlaufen. Bald wird er von seinem eigenen Volk verstoßen werden, verurteilt von den zivilen und religiösen Autoritäten, Schmach und Belustigung ausgesetzt, gekreuzigt zwischen zwei Mördern. In seinen letzten Augenblicken wird er dabei zusehen müssen, wie sein Lebenswerk zerfällt.

Als Jesus am Kreuz dem Ende seiner körperlichen Widerstandskraft nahe war, rief er aus: »Mein Gott, mein Gott, warum hast du mich verlassen?« Mit diesen Worten enthüllte er die Tatsache, dass er, indem er die ganze Last der menschlichen Sünde auf sich nahm, seine persönliche Einheit mit dem Vater verloren hatte. Das war das Endstadium der spirituellen Reise Jesu. Erst in dem Augenblick, in dem dieses Dilemma bei seiner Auferstehung aufgelöst wurde, katapultierte es ihn in ein Dasein jenseits der persönlichen Einheit mit dem Vater, der bis dahin sein ganzes Leben gewesen war. Für die gesamte Menschheit eröffnete er durch sein Opfer die Möglichkeit, die persönliche Einheit mit dem Vater zu erfahren – für ihn selbst eröffnete sich ein vollkommen neues Dasein. Seine Menschlichkeit wurde so sehr verherrlicht, dass er ins Herz der ganzen Schöpfung eindringen konnte – als ihre Quelle. Jetzt ist er überall gegenwärtig, im innersten Sein der gesamten Schöpfung, jenseits von Zeit und Raum, und bringt die Übertragung des göttlichen Lebens zur letzten Vollendung.

Die Einheit mit der Gottheit war die Lösung für das Dilemma Jesu. Für jedes Dilemma gibt es eine Lösung. Und doch ist und bleibt jedes Dilemma eine schreckliche Krise. Im Angesicht einer solchen Krise kann man auf eine niedrigere Bewusstseinsstufe zurückfallen. Aber wer Gott sucht, wird dieser Versuchung nicht nachgeben. Die Energie, die sich aus dem Leben mit der scheinbar unmöglichen Situation speist, wird irgendwann die Lösung zum Vorschein bringen, die nur Gott kennt und die nur Gott schenken kann.

Vater, wie kann ich, dein Sohn, zur Sünde werden?

Seid untereinander so gesinnt, wie es dem Leben in Christus Jesus entspricht: Er war Gott gleich, hielt aber nicht daran fest, wie Gott zu sein, sondern er entäußerte sich und wurde wie ein Sklave und den Menschen gleich. Sein Leben war das eines Menschen; er erniedrigte sich und war gehorsam bis zum Tod, bis zum Tod am Kreuz. (Phil 2,5–8)

Zur Sünde werden heißt, nicht mehr Gottes Sohn sein – oder zumindest das Bewusstsein aufgeben, Gottes Sohn zu sein. Wer das Bewusstsein aufgibt, Gottes Sohn zu sein, erlebt Gott nicht mehr als Vater. Das Kreuz Jesu spricht also vom letztgültigen Tod-Gottes-Erlebnis: »Mein Gott, mein Gott, warum hast du mich verlassen?« Die Kreuzigung ist viel mehr als der physische Tod Jesu und die emotionale und mentale Qual, die damit verbunden ist. Es ist der Tod seiner Beziehung zum Vater. Die Kreuzigung war nicht der Tod seines falschen Selbst, weil er ein solches nie besessen hatte. Sie war der Tod seines göttlichen Selbst und die Verneinung der unauflöslichen Einheit mit dem Vater, die er als Mensch gelebt hatte. Sie war mehr als ein spiritueller Tod – er starb in seiner Eigenschaft als Gott, das heißt: Gott starb. »Er entäußerte sich selbst und nahm Sklavengestalt an ... nahm selbst den Tod an, den Tod am Kreuz.« Der Verlust der persönlichen Identität ist die letzte Selbstauslöschung.

In der Kreuzigung verschwand seine Beziehung zum Vater und damit sein intimes Wissen darüber, wer der Vater ist. In seiner Auferstehung und Himmelfahrt erkannte Jesus den Vater in seiner ganzen Fülle, und damit wurde er eins mit der letzten Wirklichkeit – alles, was Gott ist, entsteht in Ewigkeit aus allem, was Gott ist.

Dieser Übergang Jesu von der menschlichen zur göttlichen Subjektivität wird in der christlichen Tradition als österliches Geheimnis bezeichnet. Unsere Teilhabe an diesem Geheimnis besteht im Übergang vom verwandelten Selbst zum Verlust des Selbst als festem Bezugspunkt, von dem Wissen, *wer Gott ist,* zur Einheit mit allem, *was Gott ist.* Die Entkleidung des falschen Selbst und die innere Reise zum wahren Selbst ist die erste Phase dieses Übergangs. Der Verlust des wahren Selbst als festem Bezugspunkt ist die zweite Phase. Die erste Phase mündet in das Bewusstsein einer persönlichen Vereinigung mit der Dreieinigkeit. Die zweite Phase besteht in einer Entäußerung dieser Einheit und in der Identifikation mit dem absoluten Nichts, aus dem alles entsteht, in das alles zurückkehrt und das sich als *Das, was ist* manifestiert.

Das Begräbnis

Es war etwa um die sechste Stunde, als eine Finsternis über das ganze Land hereinbrach. Sie dauerte bis zur neunten Stunde. Die Sonne verdunkelte sich. Der Vorhang im Tempel riss mitten entzwei, und Jesus rief laut: Vater, in deine Hände lege ich meinen Geist. Nach diesen Worten hauchte er den Geist aus. Als der Hauptmann sah, was geschehen war, pries er Gott und sagte: Das war wirklich ein gerechter Mensch. Und alle, die zu diesem Schauspiel herbeigeströmt waren und sahen, was sich ereignet hatte, schlugen sich an die Brust und gingen betroffen weg. Alle seine Bekannten aber standen in einiger Entfernung (vom Kreuz), auch die Frauen, die ihm seit der Zeit in Galiläa nachgefolgt waren und die alles mit ansahen. Damals gehörte zu den Mitgliedern des Hohen Rates ein Mann namens Josef, der aus der jüdischen Stadt Arimathäa stammte. Er wartete auf das Reich Gottes und hatte dem, was die anderen beschlossen und taten, nicht zugestimmt, weil er gut und gerecht war. Er ging zu Pilatus und bat um den Leichnam Jesu. Und er nahm ihn vom Kreuz, hüllte ihn in ein Leinentuch und legte ihn in ein Felsengrab, in dem noch niemand bestattet worden war. Das war am Rüsttag, kurz bevor der Sabbat anbrach. Die Frauen, die mit Jesus aus Galiläa gekommen waren, gaben ihm das Geleit und sahen zu, wie der Leichnam in das Grab gelegt wurde. Dann kehrten sie heim und bereiteten wohlriechende

Öle und Salben zu. Am Sabbat aber hielten sie die vom Gesetz vorgeschriebene Ruhe ein. (Lk 23,44–56)

Jesus starb am Tag vor dem Sabbat. Eilig wurde sein Leichnam abgenommen und ins Grab gelegt. Mit dem Sabbat wird an den siebten Schöpfungstag erinnert, an dem Gott von seiner Arbeit ausruhte. Um der Schöpfung und Gottes ausdrücklichem Gebot Ehre zu erweisen, hielten die Juden den Sabbat als Tag vollständiger Ruhe. Aber seine tiefste Bedeutung erschließt sich erst in diesem einen Sabbat, an dem Jesus, der Sohn Gottes, im Grab ruhte, nachdem er sein Leben für die Menschheit gegeben hatte.

Aus Respekt vor dem Tod des Erlösers gibt es am Karsamstag keine Liturgie. Um den Leichnam Jesu zu ehren, der im Grab ruht, ruht auch die Kirche. Es gibt nichts mehr zu sagen, nichts mehr zu tun. An diesem Tag ruht alles.

In der jüdischen Kosmologie dieser Zeit ging man davon aus, dass die Seelen der Gerechten nach dem Tod durch die Wasser der großen Tiefe an einen Ruheplatz hinabstiegen, der Sheol genannt wurde, und dort ihre Auferstehung zur Zeit des Messias erwarteten. Als Jesus also am Karfreitag starb, gingen die ersten Christen davon aus, dass auch seine Seele durch die Wasser der großen Tiefe an den Ort *Sheol* ging, wo er die Seelen der Gerechten erlöste. Im Matthäusevangelium heißt es, nach Jesu Auferstehung seien die Toten aus ihren Gräbern gekommen und in die Heilige Stadt gegangen und dort vielen erschienen. (Mt 27,52f)

Im Alten Testament ist das Wasser oft ein Symbol der Vernichtung. Wasser vernichtet die Bösen in der Noachflut, Wasser vernichtet die Ägypter im Roten Meer, als sie versuchen, das Volk Israel zu verfolgen. Aber Wasser ist im Alten Testament auch ein Symbol des Lebens. Im Buch Genesis lesen wir, dass der Geist über den Wassern des Urchaos atmete und dass daraus die ersten Lebewesen entstanden.

Indem die Seele Jesu durch die Wasser der großen Tiefe hinabsteigt, werden die Sünden der Welt, die er trägt, vollkommen zerstört. In der Taufzeremonie steigen wir rituell gemeinsam mit Jesus in die Wasser der großen Tiefe hinab und identifizieren uns mit seiner Heiligkeit, wie er sich mit unserer Sündhaftigkeit identifiziert hat. Alle unsere Sünden werden im Wasser der Taufe vernichtet. Wer aus dem Taufbecken steigt, nachdem er untergetaucht wurde, schließt sich Jesus an, der aus dem Sheol zur Neuen Schöpfung aufsteigt. Die Auferstehung Jesu ist keine Wiedererweckung eines Leichnams oder einfach die Rechtfertigung eines guten Menschen. Sie markiert den Beginn einer vollkommen neuen Daseinsweise. Die Seele Jesu wird wiedervereint mit seinem verherrlichten Leib – zusammengebacken, könnte man sagen, durch die grenzenlose Energie des Heiligen Geistes –, und er dringt triumphierend in das Herz der gesamten Schöpfung ein. Gottes Antwort auf das Dilemma Jesu besteht darin, dass er ihm die vollständige, unbeschränkte Teilhabe an der Herrlichkeit des Vaters überschreibt.

Im Licht der Auferstehung wird die Schöpfung vollkommen neu. Der Sabbat gehört zur alten Welt der Sünde, die mit der Zerstörung von Jesu Körper am Kreuz vergangen ist. Die Neue Schöpfung, der achte Tag, der Tag nach dem Sabbat, ist der erste Tag des ewigen Lebens in der Einheit mit Christus: ein Tag, der kein Ende haben wird.

Dieses neue Leben markiert die Bedeutung des Todes Jesu, seines Abstiegs in den Sheol und seiner Ruhe im Grab. Im Augenblick seiner Auferstehung wird die enorme Energie der Neuen Schöpfung freigesetzt. Gottes erstes Schöpfungswort, »Es werde Licht«, (Gen 1,3) wird verwandelt in »Es werde Leben«.

Die Salbung des Leichnams

Josef aus Arimathäa war ein Jünger Jesu, aber aus Furcht vor den Juden nur heimlich. Er bat Pilatus, den Leichnam Jesu abnehmen zu dürfen, und Pilatus erlaubte es. Also kam er und nahm den Leichnam ab. Es kam auch Nikodemus, der früher einmal Jesus bei Nacht aufgesucht hatte. Er brachte eine Mischung aus Myrrhe und Aloe, etwa hundert Pfund. Sie nahmen den Leichnam Jesu und umwickelten ihn mit Leinenbinden, zusammen mit den wohlriechenden Salben, wie es beim jüdischen Begräbnis Sitte ist. An dem Ort, wo man ihn gekreuzigt hatte, war ein Garten, und in dem Garten war ein neues Grab, in dem noch niemand bestattet worden war. Wegen des Rüsttages der Juden und weil das Grab in der Nähe lag, setzten sie Jesus dort bei. (Joh 19,38–42)

Der Text beschreibt, dass Nikodemus und die Frauen den Leichnam Christi mit einer großzügig bemessenen Menge Myrrhe, Aloe und duftenden Ölen salbten, wie es der jüdischen Tradition entsprach.

Wir haben uns schon im Zusammenhang mit der Geschichte von Maria in Betanien und ihrer Salbung Jesu sechs Tage vor seinem Tod mit dem Symbolgehalt des parfümierten Öls vertraut gemacht. Öl ist ein häufiges Symbol im Alten Testament, aber auch im Johannesevangelium. Im Alten Testament ist davon die Rede, dass die Kranken mit Öl gesalbt wurden; Könige und Propheten wurden mit dem heiligen Öl namens Chrismon gesalbt, wenn sie ihren Dienst antraten. Im Sakrament der Taufe wird der Täufling mit Öl gesalbt, und auch bei der Firmung kommt das Chrismon zum Einsatz. Letzteres beinhaltet nicht nur die Übertragung des Heiligen Geistes, der durch die Salbung mit Öl symbolisiert wird, sondern auch die Wahrnehmung seiner Gegenwart und seines Wirkens, symbolisiert durch den köstlichen Duft des Parfüms.

Als Maria von Betanien Jesus mit dem teuren Parfüm salbte, indem sie die Flasche zerschlug und den gesamten Inhalt über ihm ausgoss, brachte sie damit zum Ausdruck, dass er kein normaler Gast für sie war. Sie brachte ihre Erkenntnis zum Ausdruck, dass der Geist nicht nur teilweise auf Jesus übergegangen war wie bei den Königen und Propheten, sondern vollkommen. Sie hatte begriffen, dass der heilige Leib Jesu angefüllt war mit dem teuersten Parfüm, das jemals existiert hatte, nämlich mit dem Heiligen Geist. Wie der Alabasterkrug, den sie zerbrach und über seinem Kopf ausleerte, würde auch sein Körper zerbrochen werden, und sein heiliger Inhalt würde über die ganze Menschheit ausgegossen werden, zu ihrer Erlösung.

Die Ausgießung des Heiligen Geistes als Frucht des Opfers Christi am Kreuz wird durch Marias großzügige Geste wunderbar beschrieben. Der Text über die Salbung des Leichnams sagt nun, es seien hundert Pfund Myrrhe, Aloe und parfümiertes Öl dazu gebraucht worden. Das prophetische Lob Jesu für Maria wurde also ganz und gar erfüllt: »Sie hat mein Begräbnis vorweggenommen.«

In Christus ist die gegenständliche Welt selbst göttlich geworden. Im Augenblick der Auferstehung von den Toten kam der Heilige Geist über ihn, salbte ihn mit dem Feuer der göttlichen Liebe, durchdrang sein heiliges Fleisch, bis er vollkommen verwandelt war, nicht nur in reinen Geist, sondern in die göttliche Natur als solche. Die ganze materielle Schöpfung ist damit Teil des Leibes Christi. Wenn wir die Eucharistie feiern, dann feiern wir die Verherrlichung des gesamten Kosmos, der auf geheimnisvolle Weise in der Verherrlichung des Leibes Christi gegenwärtig ist. Es ist nur eine Frage der Zeit, bis die Fülle dieser Erkenntnis sich zeigt.

In der Liturgie der Ostervigil spielt Feuer eine große Rolle – als Quelle von Licht, Wärme und Energie. Das neue Feuer, Symbol für den Heiligen Geist, der in Christi Blut über die Welt ausgegossen ist, wird am Anfang der Ostervigil gesegnet. An diesem Feuer wird die Osterkerze entzündet, Symbol des Leibes Christi, der darauf wartet, sich von den Toten zu erheben. Wenn der Zelebrant die Flamme berührt, die von dem neuen Feuer auf die Osterkerze übergegangen ist, das Symbol des verherrlichten Christus, dann wird das ewige Ereignis der Auferstehung Jesu zu unserer eigenen inneren Erfahrung.

Die Gemeinde, die sich zur Vigil versammelt hat, folgt in der Dunkelheit der Osterkerze auf dem Weg ins Heiligtum. Diese Prozession erinnert an die Rettung des Gottesvolks vor seinen Unterdrückern in Ägypten. Mose war gesandt, sein Volk aus der Gefangenschaft in Ägypten zu befreien. Gott hatte zu ihm gesagt: »Ich habe die Not meines Volkes in Ägypten gesehen und sein Schreien gehört ... deshalb bin ich herabgestiegen, um es zu retten.« (Ex 3,7f)

In seiner Passion sagt Jesus dementsprechend zu uns: »Ich habe die Not der Menschheit gesehen, und ich bin herabgestiegen, um euch zu retten, damit ihr den Geist ganz empfangen könnt und eure Natur vollkommen zum Göttlichen hin verwandelt wird – mit Leib, Seele und Geist.«

In dieser heiligen Prozession, die durch den Glauben den Weg des Volkes Israel durch das Rote Meer wieder aufleben lässt und es mit dem Abstieg Christi durch die Wasser der großen Tiefe in den Sheol in eins setzt, werden alle unsere Sünden noch einmal und vollständig zerstört. Wenn wir die Kirche betreten, empfangen wir die Flamme der Osterkerze, Symbol unseres Anteils am Heiligen Geist. Wenn wir dem *Exsultet* lauschen, der alten Hymne des Dankes, die von einem Vertreter der Gemeinde gesungen wird, ist die Kerze in unseren Händen ein Bild für das Licht des Glaubens an die Auferstehung Christi, die als unbesiegbare Überzeugung in unseren Herzen aufsteigt. Und genau in diesem Augenblick wird das Halleluja angestimmt.

Das Halleluja ist ein Gesang ekstatischer Liebe und Freude, des Lobpreises, der Anbetung und Dankbarkeit, alles in einem. Es verkündet den Triumph Gottes über den Tod in jeglicher Form. Es ist unsere Antwort auf die Lösung des Dilemmas, unter dem Christus litt. Indem er in seiner Herrlichkeit erscheint, nimmt er uns in seinen verherrlichten Leib auf und teilt mit uns sein Glück, seine Freude über das ewige Leben. Das Halleluja ist das Lied von der Auferstehung. Es ist der Jubelschrei all jener, deren innere Auferstehung in diesem Moment stattfindet. Glaube und Vertrauen in Christus explodieren in der Erfahrung der Einheit mit Gott.

Der Besuch der Frauen am Grab

Als der Sabbat vorüber war, kauften Maria aus Magdala, Maria, die Mutter des Jakobus, und Salome wohlriechende Öle, um damit zum Grab zu gehen und Jesus zu salben. Am ersten Tag der Woche kamen sie in aller Frühe zum Grab, als eben die Sonne aufging. Sie sagten zueinander: Wer könnte uns den Stein vom Eingang des Grabes wegwälzen? Doch als sie hinblickten, sahen sie, dass der Stein schon weggewälzt war; er war sehr groß. Sie gingen in das Grab hinein und sahen auf der rechten Seite einen jungen Mann sitzen, der mit einem weißen Gewand bekleidet war; da erschraken sie sehr. Er aber sagte zu ihnen: Erschreckt nicht! Ihr sucht Jesus von Nazaret, den Gekreuzigten. Er ist auferstanden; er ist nicht hier. Seht, da ist die Stelle, wo man ihn hingelegt hatte. Nun aber geht und sagt seinen Jüngern, vor allem Petrus: Er geht euch voraus nach Galiläa; dort werdet ihr ihn sehen, wie er es euch gesagt hat. Da verließen sie das Grab und flohen; denn Schrecken und Entsetzen hatte sie gepackt. Und sie sagten niemand etwas davon; denn sie fürchteten sich. (Mk 16,1–8)

In seinen letzten Augenblicken am Kreuz wurde Jesus vom Vater dazu gerufen, sich mit der Menschheit zu identifizieren, in allen Konsequenzen der Sünde. Indem er das tat, erlebte Jesus das äußerste Maß der Entfremdung von Gott, das Ergebnis eines reflexiven Bewusstseins ohne die Erfahrung der Einheit mit Gott. Dieser Prozess ist Teil der menschlichen Entwicklung; in der christlichen Tradition wird er Ursünde genannt.

Die Entfremdung, die Jesus in seiner Passion erlebte, führte dazu, dass er starb, ohne sich als Person eins mit dem Vater zu fühlen – eine Einheit, die er sein ganzes irdisches Leben lang erfahren hatte. Seine heilige Seele, die unsere Sünden auf sich genommen hatte, stieg hinab in die zerstörerischen Wasser der großen Tiefe, damit unsere Sündhaftigkeit vollkommen zerstört werden könnte. Durch die göttliche Kraft Christi wurden diese Wasser in dem Augenblick, in dem die Sünde zerstört wurde, zum Wasser des ewigen Lebens. Christus verlieh dem Wasser die Fähigkeit, für alle Zeit in überreicher Barmherzigkeit zu fließen und Geschöpfe hervorzubringen, die in der Lage waren, sein göttliches Licht, sein Leben und seine Liebe zu teilen.

Als seine Seele aus dem Wasser auftauchte, das er durch die Berührung mit seiner heiligen Menschlichkeit zum Wasser des Lebens gemacht hatte, als seine Seele wieder in seinen Körper eintrat –: in diesem Augenblick löste sein Opfer im Herzen des Vaters ein unglaubliches Strömen von göttlichem Licht, Leben und Liebe aus. Das Feuer des Heiligen Geistes, das in seiner ganzen Fülle göttlicher Energie hervorbrach, kam über seinen heiligen Leib. Die große Menge von duftendem Öl, Symbol des Heiligen Geistes, ist Zeichen der unglaublichen Kraft, die der Geist entfaltete, als die Seele Christi wieder in seinen Körper eintrat. In dieser Wiedervereinigung gab der Vater dem auferstandenen Jesus die Fülle der göttlichen Essenz ein, Reichtum, Herrlichkeit und Hoheit der göttlichen Natur – auf eine Weise, die uns vollkommen unbegreiflich ist.

Im Buch der Offenbarung berichtet Johannes von seiner Vision Christi als Herr des Universums: »Seine Beine glänzten wie Golderz, das im Schmelzofen glüht, und seine Stimme war wie das Rauschen von Wassermassen.« (Offb 1,15) Diese Worte beschreiben, wie der Geist den Leib Jesu verherrlichte, bis er sozusagen in die Göttlichkeit hineingeschmolzen war. Sein verherrlichter Leib, vereint mit dem ewigen Wort Gottes, ist eingedrungen in das Herz der ganzen Schöpfung und eins geworden mit der ganzen Wirklichkeit.

Die Wiedervereinigung von Leib und Seele Jesu fand im Verborgenen statt: in der Nacht, kurz vor Einbruch der Dämmerung, in einem Augenblick also, den niemand sehen oder bezeugen konnte. Dieses Ereignis wird in der Ostervigil gefeiert. Das erste Ritual dieser heiligen Zeremonie ist, wie wir schon gesehen haben, die Segnung des neuen Feuers, Symbol des Geistes, der sich auf das kostbare Blut Christi herabsenkt, das vergossen wurde. Ein Funke dieses neuen Feuers wird verwendet, um die Osterkerze zu entzünden und auf diese Weise den Augenblick zu feiern, in dem Christus in Herrlichkeit von den Toten auferstand. Die Osterkerze ist auch ein Symbol der Feuersäule, mit der Gott die Israeliten aus der Sklaverei in Ägypten ins Gelobte Land führte. Dieselbe Gegenwart, dasselbe Tun führt uns nun aus Sünde und Unglauben auf eine höhere Ebene von Glauben und Bewusstsein. Der Weg der Israeliten durch das Rote Meer wird von der Gemeinde in Erinnerung gerufen, wenn sie durch den dunklen Kreuzgang oder das Kirchenschiff ins Heiligtum geht. Die Osterkerze symbolisiert den auferstandenen Christus, der sein Volk ins Gelobte Land der göttlichen Verwandlung führt. Wenn die einzelne Flamme an der Osterkerze geteilt wird und in den Besitz jedes Gemeindegliedes übergeht, erhellt sich die Kirche allmählich, ohne dass die ursprüngliche Flamme kleiner wird. Die göttliche Barmherzigkeit, reife Frucht der Auferstehung Christi, wird niemals kleiner, sie wächst, indem sie geteilt wird. Durch die ihr innewohnende Kraft des Ostergeheimnisses ist die Ostervigil mehr als eine Erinnerung an die Auferstehung Christi: Sie weckt die Erfahrung der Auferstehung in unserem innersten Sein und verbreitet das Feuer seiner Liebe in all unseren Fähigkeiten.

An diesem Punkt der Feierlichkeiten wird vom Diakon der große Osterhymnus gesunden. In diesem wunderbaren Hymnus zu Ehren der Auferstehung können wir in uns selbst die Begeisterung aufsteigen fühlen, die Christen zu allen Zeiten erfüllt hat:

Frohlocket, ihr Chöre der Engel,
frohlocket, ihr himmlischen Scharen,
lasset die Posaune erschallen,
preiset den Sieger, den erhabenen König!
Lobsinge, du Erde, überstrahlt vom Glanz aus der Höhe!
Licht des großen Königs umleuchtet dich.
Siehe, geschwunden ist allerorten das Dunkel.
…
Gekommen ist das heilige Osterfest,
an dem das wahre Lamm geschlachtet ward.
…
Dies ist die Nacht,
die unsere Väter, die Söhne Israels,
aus Ägypten befreit
und auf trockenem Pfad durch die Fluten des Roten Meeres geführt hat.
…
Dies ist die Nacht,
die auf der ganzen Erde alle, die an Christus glauben,

scheidet von den Lastern der Welt,
dem Elend der Sünde entreißt,
ins Reich der Gnade heimführt
und einfügt in die heilige Kirche.
Dies ist die selige Nacht,
in der Christus die Ketten des Todes zerbrach
und aus der Tiefe als Sieger emporstieg.
…
O unfassbare Liebe des Vaters:
Um den Knecht zu erlösen, gabst du den Sohn dahin!
O wahrhaft heilbringende Sünde des Adam,
du wurdest uns zum Segen,
da Christi Tod dich vernichtet hat.
…
Der Glanz dieser heiligen Nacht
nimmt den Frevel hinweg,
reinigt von Schuld,
gibt den Sündern die Unschuld …
O wahrhaft selige Nacht,
die Himmel und Erde versöhnt,
die Gott und Menschen verbindet!

Nach dem Singen des *Exsultet* setzen sich alle, und in den Lesungen werden die biblischen Symbole näher beschrieben, die im Hymnus vorkommen. Dann wird das Halleluja gesungen, und die rettende Gegenwart und Kraft Christi wird ganz konkret in der Gemeinde manifestiert, wenn die Katechumenen getauft werden.

Bemerkenswert ist die Aussage des Hymnus, diese heilige Nacht gebe den Sündern die Unschuld zurück. Dieser Satz bezieht sich natürlich auf den Garten Eden und die Geschichte von Adam und Eva. Er erinnert an ihren Verlust der intimen Beziehung zu Gott. Das

Herzstück des Ostergeheimnisses ist unsere persönliche Entdeckung der Intimität mit Gott, die in der Heiligen Schrift »Unschuld« genannt wird. Es ist die Unschuld, die aus einem entspannten, ständigen Austausch angenehmster Art mit Gott entsteht. Diese Beziehung vertreibt alle Furcht.

Um die Bedeutung des biblischen Begriffs der Unschuld zu verstehen, müssen wir ihn von der Unschuld der Unwissenheit unterscheiden. Die Unschuld der Unwissenheit ist die Gedankenlosigkeit der Tiere, die Unfähigkeit zur Reflexion und zur Übernahme von Verantwortung für unser Tun. Den Verlust dieser Unschuld müssen wir nicht bedauern, denn das rationale Bewusstsein ist die größte Errungenschaft der Evolution bis zum heutigen Tage.

Gleichzeitig gibt es aber ein Wissen darum, dass wir Gott schon einmal gekannt haben. Dieses Wissen kommt aus dem ontologischen Unbewussten, in dem sich Gott sozusagen an sich selbst in uns erinnert. Wir besitzen tief in uns die Intuition, dass uns eine unverzichtbare Beziehung fehlt, die wir für unser Wohlbefinden und Glück unbedingt brauchen. Die spirituelle Reise ist eine Möglichkeit, uns an unsere Quelle zu erinnern, an das, was Meister Eckhardt das grundlegende Unbewusste nennt. Wenn dieses Unbewusste ins Bewusstsein vordringt, erwachen wir für das Geheimnis der göttlichen Gegenwart in uns. Dies ist die Unschuld, auf die sich die Heilige Schrift und das *Exsultet* beziehen.

Ostern ist das Erwachen des göttlichen Lebens in uns. »Christ ist erstanden!« ist nicht nur der Ruf eines historischen Augenzeugen, es ist der Ruf des ganzen Gottesvolks durch die Jahrhunderte, der Ruf der Menschen, die erkannt haben, dass Christus *in ihnen* aufersteht, nicht nur in Form einer emotionalen Begeisterung, sondern in Form einer unerschütterlichen Gewissheit. Das Licht Christi enthüllt unsere bleibende Einheit mit ihm und sein Potenzial, jeden Aspekt unseres Lebens umzugestalten.

Maria Magdalena begegnet dem auferstandenen Christus

> *Maria aber stand draußen vor dem Grab und weinte. Während sie weinte, beugte sie sich in die Grabkammer hinein. Da sah sie zwei Engel in weißen Gewändern sitzen, den einen dort, wo der Kopf, den anderen dort, wo die Füße des Leichnams Jesu gelegen hatten. Die Engel sagten zu ihr: Frau, warum weinst du? Sie antwortete ihnen: Man hat meinen Herrn weggenommen und ich weiß nicht, wohin man ihn gelegt hat. Als sie das gesagt hatte, wandte sie sich um und sah Jesus dastehen, wusste aber nicht, dass es Jesus war. Jesus sagte zu ihr: Frau, warum weinst du? Wen suchst du? Sie meinte, es sei der Gärtner, und sagte zu ihm: Herr, wenn du ihn weggebracht hast, sag mir, wohin du ihn gelegt hast. Dann will ich ihn holen. Jesus sagte zu ihr: Maria! Da wandte sie sich ihm zu und sagte auf Hebräisch zu ihm: Rabbuni!, das heißt: Meister. Jesus sagte zu ihr: Halte mich nicht fest; denn ich bin noch nicht zum Vater hinaufgegangen. Geh aber zu meinen Brüdern und sag ihnen: Ich gehe hinauf zu meinem Vater und zu eurem Vater, zu meinem Gott und zu eurem Gott. Maria von Magdala ging zu den Jüngern und verkündete ihnen: Ich habe den Herrn gesehen. Und sie richtete aus, was er ihr gesagt hatte. (Joh 20,11–18)*

Die Auferstehung Jesu markiert den ersten Tag der Neuen Schöpfung. Die Ereignisse nach der Auferstehung und die verschiedenen Erscheinungen Jesu vor seinen Jüngern und Freunden werden in der Liturgie genutzt, um uns dabei zu helfen, die Bedeutung dieses zentralen Glaubensgeheimnisses zu verstehen. Wir haben gelesen, wie Jesus in dem unaufgelösten Dilemma zwischen der Identifikation mit der menschlichen Natur und dem Verlust der persönlichen Einheit mit dem Vater stirbt, dem unausweichlichen Ergebnis dieser Identifikation. Die Auferstehung löst dieses Dilemma. Sie ist die Antwort des Vaters auf das Opfer Jesu. Für uns wie für ihn eröffnet sich damit ein vollkommen neues Leben. Dies ist *der* entscheidende Augenblick in der Menschheitsgeschichte, denn nun steht die Einheit mit Gott jedem Menschen offen.

Die erste Auferstehungsszene wird in einen kosmischen Kontext gestellt. Aus biblischer Sicht erinnert der Garten mit dem Grab Jesu an den Garten Eden. Die beiden Gärten sind einander entgegengesetzt: In dem ersten Garten verliert die Menschheit in den Personen Adam und Eva die enge Beziehung und Freundschaft mit Gott. In dem zweiten Garten erscheint Maria Magdalena, aus der Jesus sieben Dämonen ausgetrieben hat, als erste Empfängerin der guten Nachricht, dass die Intimität und Einheit mit Gott wieder erreichbar ist.

Maria kam sehr bedrückt zum Grab. Der riesige Stein, Symbol des schweren Gewichts der Sünde und des Sogs der unteren Bewusstseinsebenen, war weggerollt worden. Als die Frauen in die Grabhöhle hineinschauten, fanden sie nichts mehr dort außer den Tüchern, mit denen Jesus bei seinem Begräbnis eingewickelt worden war. Maria dachte, der Leichnam Jesu sei gestohlen worden. In ihrer großen Liebe zu Jesus blieb sie noch vor dem Grab stehen, als die anderen Frauen schon gegangen waren. Sie warf noch einmal einen Blick in die Höhle, und jetzt sah sie zwei weiß gekleidete Engel dort. Sie waren überrascht, bei einer so freudigen Gelegenheit jemanden in Tränen aufgelöst zu sehen, und fragten: »Frau, warum weinst du?«

Offenbar bemerkte sie gar nicht, dass Engel mit ihr sprachen. Sie war vollkommen auf Jesus konzentriert, und er war nicht mehr da. Deshalb sagte sie: »Wenn ihr ihn weggenommen habt, sagt mir, wohin ihr ihn gebracht habt, damit ich gehe und ihn hole.« Sie dachte überhaupt nicht daran, dass der Leichnam für sie viel zu schwer sein würde. Jesus war mit hundert Pfund Myrrhe, Aloe und duftenden Ölen gesalbt worden, das hieß, er war hundert Pfund schwerer als zu Lebzeiten. Aber all diese Überlegungen verschwanden in ihrem intensiven Kummer. Sie achtete also nicht mehr auf die seltsamen Gestalten im Grab und begann im Garten zu suchen. Dort sah sie einen Mann, den sie für den Gärtner hielt.

Und sie irrte sich nicht. Jesus ist tatsächlich der Gärtner im Garten der Neuen Schöpfung. Im Aufruhr ihrer Gefühle erkannte sie ihn aber nicht. Das ist typisch für die Erscheinungen nach der Auferstehung: Erst allmählich begreifen die Menschen, wen sie vor sich haben. Wir können daraus schließen, dass er eine neue Gestalt angenommen hat. Offenbar trat er nicht gleich in seine ganze Herrlichkeit ein, sondern hatte noch etwas Zeit, um sich seinen Jüngern zu widmen. Erst bei der Himmelfahrt trat er vollständig in die Herrlichkeit ein, die das Feuer des Heiligen Geistes im Augenblick seiner Auferstehung ins Leben rief.

Der »Gärtner« fragte nicht ohne eine gewisse Ironie: »Frau, wen suchst du? Warum weinst du?« Diese Frage brachte Marias ungeheure Trauer auf den Punkt, und sie schüttete ihm mit einem Wortschwall ihr Herz aus: »Sag mir, wo du ihn hingelegt hast, dann kann ich ihn holen.«

Daraufhin sprach Jesus sie mit ihrem Namen an: »Maria!« Und nur er konnte ihren Namen so aussprechen. Sofort erkannte sie ihn, mit ihrem ganzen Sein, und in diesem Moment *wusste* sie, dass er tatsächlich von den Toten auferstanden war.

In der Heiligen Schrift hat es eine besondere Bewandtnis damit, wenn ein Mensch mit seinem Namen angesprochen wird. Jemand oder etwas mit seinem Namen anzusprechen heißt, es zu identifizieren. Adam gibt im Paradies jedem Tier und jeder Pflanze einen Namen, der zu ihrem Sein passt. Gott gab den Propheten oft einen neuen Namen, der zu ihrer Rolle passte. Indem er Maria mit ihrem Namen anspricht, zeigt Jesus, dass er alles über ihr Leben weiß und sie ganz und gar annimmt. Dies ist der Augenblick, in dem Maria begreift, dass Jesus sie liebt. Und deshalb ist es der erste Schritt zu ihrer Verwandlung.

Nach christlichem Verständnis ist die Bewegung von der Natur des Menschen zur göttlichen Verwandlung an die persönliche Beziehung mit Gott gebunden. Die persönliche Liebe Jesu erleichtert das Wachstum dieser Beziehung. Die Erfahrung, von ihm geliebt zu sein, zieht den Christen aus all seiner Selbstsucht heraus in tiefere Ebenen der Hingabe. Wie könnte diese Bewegung sich vollziehen ohne die Überzeugung, ganz persönlich von ihm geliebt zu werden? Das schlichte Aussprechen des Wortes »Maria« bringt all ihre Sehnsucht auf den Punkt. Und als Antwort darauf wirft sie sich ihm mit einem Freudenschrei in die Arme: »Rabbuni!«

Die Erkenntnis, von Gott geliebt zu sein, charakterisiert die erste Stufe des kontemplativen Gebets. Sie versetzt uns in die Lage, Gott in allen Dingen zu sehen. Marias Annahme dieser Gnade führt zu einer weiteren Erkenntnis: Sie begreift, dass sie Jesus ebenfalls liebt. Deshalb wirft sie sich in seine Arme und klammert sich an ihm fest. Wir erfahren nicht, wie lange dieses Umarmung dauerte, aber durch dieses Erlebnis wurde Maria auf die nächste Stufe des kontemplativen Gebets gehoben: die Fähigkeit, alle Dinge durch Gottes Augen zu sehen.

In diesem Gespräch führt Jesus Maria Schritt für Schritt durch die Stufen des kontemplativen Gebets zur Einheit mit Gott. Schließlich sagt er zu ihr: »Klammere dich nicht mehr an mich. Ich bin noch nicht zu meinem Vater heimgekehrt. Aber geh und sag meinen Brüdern, dass ich zu meinem und eurem Vater aufsteigen werde.«

Diese Worte sind das Manifest der Neuen Schöpfung! Gott ist nicht mehr nur der Vater Jesu, der Abba, den Jesus aus seiner eigenen persönlichen Erfahrung der Einheit mit Gott beschrieben hat. Der Abba ist uns allen geschenkt! Die Erfahrung Christi mit dem Vater gehört ganz und gar uns! Deshalb steigt dieselbe Beziehung zum Vater, die Christus erfuhr, auch in Maria Magdalena auf – und in jedem von uns, wenn wir die österliche Gnade annehmen.

Mit diesen Worten Jesu wird Maria ausgesandt, die Apostelin der Apostel zu sein. Apostel wird man aus göttlicher Liebe, nichts sonst ist dafür erforderlich. Und nachdem sie jetzt die Erfahrung der Intimität mit dem Vater in sich trägt, die Jesus ihr vermittelt hat, kann sie losgehen und den Aposteln die Osterbotschaft überbringen. »Ihr, meine Brüder«, sagt Jesus den Jüngern durch sie, »seid jetzt Teil des Reiches Gottes, Teil meiner Erfahrung des Vaters als Abba, dem Gott des unendlichen Mitgefühls.«

Gemäß dem Plan Gottes hat Jesus den Weg in die höchsten Stufen des Bewusstseins eröffnet. Der Schmerz und die Qual des Ich-Bewusstseins mit seinem schuldbeladenen Gefühl der Verantwortung ist ersetzt worden durch die Einladung, das menschliche Potenzial unendlichen Wachstums anzunehmen. Der Garten Eden ist beides: eine Erinnerung an das, was möglich war, und ein Ausblick auf das, was kommt. Im Garten der Auferstehung wird das Geheimnis Christi vollständig enthüllt. Und mit diesem Wissen und dieser Erfahrung erreicht Maria die dritte Ebene des kontemplativen Gebets, den bleibenden *Zustand* der Einheit mit Gott, in dem wir sehen, wie Gott sich in allem verschenkt. Dies ist das verwandelte Bewusstsein der inneren Auferstehung. Und dies ist die gute Nachricht, die sie den Aposteln überbringen soll.

Adam und Eva wurden aus dem ersten Garten vertrieben, weil sich ihr Ich-Bewusstsein abseits der Einheit mit Gott entwickelte. Maria war so verwurzelt in ihrer Erfahrung der Einheit mit Gott, dass sie das Paradies in sich trug und nie daraus vertrieben werden konnte. Der Garten Eden steht für eine Bewusstseinsstufe, nicht für einen geografischen Ort. Sie wird aus dem Garten hinausgeschickt, aber sie behält den bleibenden inneren Zustand bei, den der Garten repräsentiert: die Sicherheit, von Gott geliebt zu sein, ihn ebenfalls zu lieben und zu sehen, wie Gott sich in jedem Ereignis, jedem Augenblick verschenkt, in uns und außerhalb von uns. In diesem Zustand sind Innen und Außen im Einklang, sie sind eins geworden. Im Verlauf dieses Gesprächs wird das letzte Geheimnis für Maria zur letzten Gegenwart, und die letzte Gegenwart wird zur letzten Wirklichkeit.

Die Ausgießung der Gnade, die wir in diesem ersten Erscheinen Jesu nach seiner Auferstehung sehen, ist Gottes Antwort auf das Opfer Christi. Es ist seine Verherrlichung als Antwort auf seine letzte Demütigung. Wenn wir das Fest seiner Auferstehung feiern, ruft uns Christus beim Namen, wie er es bei Maria Magdalena getan hat.

Auf dem Weg nach Emmaus

Am gleichen Tag waren zwei von den Jüngern auf dem Weg in ein Dorf namens Emmaus, das sechzig Stadien von Jerusalem entfernt ist. Sie sprachen miteinander über all das, was sich ereignet hatte. Während sie redeten und ihre Gedanken austauschten, kam Jesus hinzu und ging mit ihnen. Doch sie waren wie mit Blindheit geschlagen, sodass sie ihn nicht erkannten. Er fragte sie: Was sind das für Dinge, über die ihr auf eurem Weg miteinander redet? Da blieben sie traurig stehen, und der eine von ihnen – er hieß Kleopas – antwortete ihm: Bist du so fremd in Jerusalem, dass du als Einziger nicht weißt, was in diesen Tagen dort geschehen ist? Er fragte sie: Was denn? Sie antworteten ihm: Das mit Jesus aus Nazaret. Er war ein Prophet, mächtig in Wort und Tat vor Gott und dem ganzen Volk. Doch un-

sere Hohenpriester und Führer haben ihn zum Tod verurteilen und ans Kreuz schlagen lassen. Wir aber hatten gehofft, dass er der sei, der Israel erlösen werde. Und dazu ist heute schon der dritte Tag, seitdem das alles geschehen ist. Aber nicht nur das: Auch einige Frauen aus unserem Kreis haben uns in große Aufregung versetzt. Sie waren in der Frühe beim Grab, fanden aber seinen Leichnam nicht. Als sie zurückkamen, erzählten sie, es seien ihnen Engel erschienen und hätten gesagt, er lebe. Einige von uns gingen dann zum Grab und fanden alles so, wie die Frauen gesagt hatten; ihn selbst aber sahen sie nicht. Da sagte er zu ihnen: Begreift ihr denn nicht? Wie schwer fällt es euch, alles zu glauben, was die Propheten gesagt haben. Musste nicht der Messias all das erleiden, um so in seine Herrlichkeit zu gelangen? Und er legte ihnen dar, ausgehend von Mose und allen Propheten, was in der gesamten Schrift über ihn geschrieben steht. So erreichten sie das Dorf, zu dem sie unterwegs waren. Jesus tat, als wolle er weitergehen, aber sie drängten ihn und sagten: Bleib doch bei uns; denn es wird bald Abend, der Tag hat sich schon geneigt. Da ging er mit hinein, um bei ihnen zu bleiben. Und als er mit ihnen bei Tisch war, nahm er das Brot, sprach den Lobpreis, brach das Brot und gab es ihnen. Da gingen ihnen die Augen auf und sie erkannten ihn; dann sahen sie ihn nicht mehr. Und sie sagten zueinander: Brannte uns nicht das Herz in der Brust, als er unterwegs mit uns redete und uns den Sinn der Schrift erschloss? Noch in derselben Stunde brachen sie auf und kehrten nach Jerusalem zurück und sie fanden die Elf und die anderen Jünger versammelt. Diese sagten: Der Herr ist wirklich auferstanden und ist dem Simon erschienen. Da erzählten auch sie, was sie unterwegs erlebt und wie sie ihn erkannt hatten, als er das Brot brach. (Lk 24,13–35; Lesung am dritten Sonntag nach Ostern)

Diese Geschichte zeigt uns zwei von den Jüngern im Gemütszustand aller Jünger am Tag der Auferstehung. Sie waren vollkommen entmutigt. Noch nie waren das Lebenswerk und die Botschaft eines Menschen so ganz und gar durchkreuzt und im Bild der Öffentlichkeit diskreditiert worden, wie das bei Jesus geschehen war. Selbst seine Jünger und engsten Freunde hatten ihn verlassen und waren geflohen; tatsächlich war er von einem seiner engsten Freunde in die Hände der religiösen und weltlichen Obrigkeit ausgeliefert worden. Die Hoffnungen seiner Jünger lagen in Scherben.

Aus diesem Text geht deutlich hervor, dass die Hoffnungen dieser beiden Jünger nicht im Einklang mit der Botschaft standen, die Jesus ihnen ein Leben lang hatte vermitteln wollen. Als er sie nach einer Erklärung für ihre Traurigkeit fragte, sagten sie unter anderem: »Wir hatten gehofft, er sei derjenige, der Israel erlösen würde.« Mit anderen Worten, diese Jünger – und das kann durchaus auch Judas' Problem gewesen sein – hatten vorgefasste Ideen darüber, wer der Messias sein und was er tun sollte. Eine ihrer Erwartungen war, dass er Israel von der Herrschaft der Römer befreien würde. Mit anderen Worten: Sie wünschten sich einen Messias, der zu den nationalen Hoffnungen des jüdischen Volkes dieser Zeit passte. Obwohl Jesus immer deutlich gemacht hatte, dass er nichts mit politischen Programmen zu tun haben wollte, konnte er seinen Jüngern diese Idee nicht austreiben. Und so hatten sie eben auch nicht zugehört, als er ihnen vorausgesagt hatte, dass er in die Hand seiner Feinde ausgeliefert und getötet werden würde.

Unsere emotionale Programmierung gestaltet sich so, dass wir kaum einmal hören, was wir nicht hören wollen. Die Jünger verstanden das Reich Gottes als politischen Sieg, nicht als Geheimnis des göttlichen Eingreifens in ihr persönliches Leben.

Die beiden Jünger hatten die Berichte der Frauen gehört, die zum Grab gegangen waren und den Leichnam Jesu dort nicht vorgefunden hatten. Es scheint ihnen gar nicht in den Sinn gekommen zu sein, dass die Berichte der Frauen über die Auferstehung Jesu ebenso wahr sein könnten wie ihre Berichte über das leere Grab. Die verwirrten und verzweifelten Jünger waren wie gelähmt vor Enttäuschung und Trauer.

Jesus verbarg seine Identität vor ihnen und erschien ihnen als Fremder, als Mitreisender auf der Straße. Er fragte sie: »Freunde, worüber redet ihr da und warum seht ihr so traurig aus?« Seine freundliche, höfliche Art macht es ihnen leicht, sich im Gespräch zu öffnen, und sie erzählen ihm von ihrem Kummer.

Interessant ist, dass sie sich von Jerusalem wegbewegten. Sie hatten offenbar beschlossen, ihre Mitgliedschaft in der Gemeinschaft der Jünger zu beenden, egal, was die Frauen sagten.

Und was antwortete Jesus auf diese traurige Geschichte? »Wie wenig ihr doch verstanden habt! Wie wenig bereit ihr doch seid zu glauben, was die Propheten angekündigt haben!« Dann erklärte er ihnen die Heilige Schrift und rückte die wahre Bedeutung des Messias ins Licht. Als sie sich den ersten Häusern von Emmaus näherten, tat er so, als wollte er weiterwandern, und wahrscheinlich wäre er auch wirklich weitergegangen, wenn sie ihn nicht genötigt hätten, bei ihnen zu bleiben.

Er ging mit ihnen in das Gasthaus und setzte sich an einen Tisch. Es war Abend geworden, die Zeit des Abendgebets, die Zeit, zu der sie auch das letzte Abendmahl zusammen eingenommen hatten. Er nahm das Brot, segnete es und brach es. Dann verteilte er es, wie sie es bei ihm so viele Male bei gemeinsamen Mahlzeiten gesehen hatten.

Später erzählten sich die Jünger, dass ihre Herzen brannten, als Jesus ihnen die Schrift auslegte. Dieses »Brennen« ist das Zeichen eines Übergangs zu einer höheren Stufe der Konzentration und Aufmerksamkeit. Plötzlich, während Jesus das Brot bricht, verbanden sich ihre äußeren Sinne und die innere Aufmerksamkeit. Die Intuition des Glaubens durchschaute die äußere Erscheinung des Fremden. Vor ihnen saß der auferstandene Christus! Aber sobald sie ihn erkannt hatten, verschwand er vor ihren Augen.

»Sofort kehrten sie um und gingen zurück nach Jerusalem«, heißt es weiter. Dort erfuhren sie, dass Jesus inzwischen auch Petrus erschienen war. Im Laufe des Tages hatten sie die Tatsache der Auferstehung akzeptiert, entweder weil sie selbst zu dem leeren Grab gegangen waren oder weil Petrus ihnen von der Erscheinung des Herrn erzählt hatte. Und was noch wichtiger ist: Sie begannen, innerlich die Gnade der Auferstehung zu erleben. Der Auferstandene erweckte diese Gnade in ihnen, versetzte sie in die Lage, die Ereignisse der letzten paar Tage mit den Röntgenaugen des Glaubens zu sehen.

Wie die Emmaus-Jünger, so haben auch wir unsere ganz eigenen vorgefassten Ideen von Jesus, seiner Botschaft und seiner Kirche. Auch wir sind seit unserer Kindheit konditioniert, durch unsere frühe Erziehung, Kultur und Lebenserfahrung geprägt. Die Jünger konnten Jesus nicht erkennen, solange ihre vorgefassten Denkweisen über ihn und sein Handeln noch existierten. Als Jesus ihnen mit seiner Auslegung der Schrift die Blindheit nahm, wurde ihre Sicht auf ihn realistischer.

Der Preis für das Erkennen Jesu ist immer derselbe: Wir müssen unsere Ideen über ihn, die Kirche, die spirituelle Reise, über Gott selbst aufgeben. Wenn wir mit den Augen des Glaubens sehen wollen, müssen wir uns von unseren kulturell konditionierten Denkweisen befreien. Und wenn wir unsere private, beschränkte Sichtweise loslassen, die ihn hinter unseren vorgefassten Wertvorstellungen und Ideen verbirgt, dann fällt es uns wie Schuppen von den Augen. Er ist die ganze Zeit da gewesen. Endlich spüren wir seine Gegenwart. Mit dem verwandelten Blick des Glaubens kehren wir in die Alltagsroutine und in die Pflichten unseres täglichen Lebens zurück, aber jetzt erkennen wir wie Maria Magdalena Gott, der sich in allem und jedem an uns verschenkt.

Die Erscheinung im verschlossenen Zimmer

Am Abend dieses ersten Tages der Woche, als die Jünger aus Furcht vor den Juden die Türen verschlossen hatten, kam Jesus, trat in ihre Mitte und sagte zu ihnen: Friede sei mit euch! (Joh 20,19)

Sie erschraken und hatten große Angst, denn sie meinten, einen Geist zu sehen. Da sagte er zu ihnen: Was seid ihr so bestürzt? Warum lasst ihr in eurem Herzen solche Zweifel aufkommen? Seht meine Hände und meine Füße an: Ich bin es selbst. Fasst mich doch an und begreift: Kein Geist hat Fleisch und Knochen, wie ihr es bei mir seht. Bei diesen Worten zeigte er ihnen seine Hände und Füße. Sie staunten, konnten es aber vor Freude immer noch nicht glauben. Da sagte er zu ihnen: Habt ihr etwas zu essen hier? Sie gaben ihm ein Stück gebratenen Fisch; er nahm es und aß es vor ihren Augen. Dann sprach er zu ihnen: Das sind die Worte, die ich zu euch gesagt habe, als ich noch bei euch war: Alles muss in Erfüllung gehen, was im Gesetz des Mose, bei den Propheten und in den Psalmen über mich gesagt ist. Darauf öffnete er ihnen die Augen für das Verständnis der Schrift. Er sagte zu ihnen: So steht es in der Schrift: Der Messias wird leiden und am dritten Tag von den Toten auferstehen, und in seinem Namen wird man allen Völkern, angefangen in Jerusalem, verkünden, sie sollen umkehren, damit ihre Sün-

den vergeben werden. (Lk 24,37–47; Lesung am dritten Sonntag nach Ostern)

Diese Erscheinung Jesu ereignete sich, nachdem die beiden Jünger nach Jerusalem zurückgekehrt waren und von den anderen die freudige Nachricht hörten: »Es ist wahr! Der Herr ist auferstanden! Er ist dem Simon erschienen.«

Mitten in diesem Gespräch erschien plötzlich Jesus und versetzte die Gruppe geradezu in Panik. Sie dachten, er sei ein Geist, obwohl sie doch gerade erst von der Begegnung mit Petrus gesprochen hatten. Die Worte, die Jesus an sie richtet, sind bedeutungsschwer: »Friede sei mit euch!« Friede ist die geordnete Ruhe. Die wahre Sicherheit. Wahre Sicherheit ist die unmittelbare Folge der Einheit mit Gott. Es ist vollkommen in Ordnung, sich nach Sicherheit zu sehnen; jeder Mensch will und braucht sie. Das Problem besteht darin, dass wir an den falschen Stellen danach suchen. Frieden ist die wichtigste Folge der Auferstehung Jesu – der Erfahrung göttlicher Gegenwart als dauerhafter Zustand. Frieden ist der Schatz, den Jesus triumphierend und voller Freude an seine am Boden zerstörten, verzweifelten Apostel austeilt – oder doch auszuteilen versucht.

»Friede sei mit euch!«, sagt er noch einmal. Aber diese Worte machten keinen Eindruck auf die Männer, weil sie so sehr mit ihrer Angst beschäftigt waren, man könne sie verhaften und als Jünger Jesu ins Gefängnis werfen. Sie waren ein kleiner Haufen furchtsamer Leute, die sich gerade erst von ihrem niederschmetternden Verlust erholten. Und plötzlich wird Jesus mitten unter ihnen sichtbar. Vermutlich haben sie als Allerersten gedacht: »Wir hatten doch die Tür abgeschlossen!«

Jesus hat inzwischen die Begrenzungen des Raums überschritten. Er ist durch die verschlossene Tür gekommen. Oder vielleicht war er auf einer anderen Ebene der Wirklichkeit längst im Raum, nur eben unsichtbar für die Jünger. Schon früher hatte er zu ihnen gesagt: »Wo zwei oder drei in meinem Namen versammelt sind, da bin ich mitten unter ihnen.« Jedenfalls war er da, zum großen Erstaunen der Jünger, und ihre erste Reaktion war: »Ein Gespenst!«

Er sagte zu ihnen: »Warum seid ihr so verstört?« Wie immer ging er sofort mitten in ihre Motivation hinein. An diesem Punkt arbeiteten ihre emotionalen Programmierungen und ihre Phantasie auf vollen Touren, sie vermuteten einen Geist, wo doch offensichtlich ein Mensch aus Fleisch und Blut vor ihnen stand. Sie waren nicht einmal so höflich, ihm einen Sitzplatz anzubieten.

Jesus fragte sie – vielleicht ein wenig amüsiert – noch einmal: »Warum lasst ihr den Zweifel in euren Herzen zu?« Er versuchte, ihnen Sicherheit zu vermitteln. Nachdem dieser Versuch misslang, versuchte er, sie zu beruhigen, indem er ihre äußeren Sinne mit einbezog. »Schaut auf meine Hände und Füße! Erkennt ihr mich nicht?« Er streckte ihnen die Hände entgegen, damit sie ihre Neugier befriedigen konnten, und sagte: »Fühlt und überzeugt euch selbst! Kein Geist hat Fleisch und Knochen wie ich.«

Aber sie konnten immer noch nicht die schlichte Tatsache akzeptieren, dass er sichtbar unter ihnen war. Das ist zu schön, um wahr zu sein! Während sie noch verwirrt dastanden, versuchte er weiter, ihnen ein bisschen Lockerheit zu vermitteln.

»Habt ihr etwas zu essen hier?«, fragte er. Nichts kann uns schneller davon überzeugen, dass ein scheinbarer Geist ein echter Mensch ist, als die Frage nach dem Essen. Hektisch blickten sich die Jünger um und förderten ein Stück gebratenen Fisch zutage.

Dieses Detail hat durchaus seine Bedeutung. Alles in den Auferstehungsgeschichten der Evangelien hat symbolische Bedeutung. Der Fisch war zu der Zeit, als die Evangelien niedergeschrieben wurden, bereits zum Symbol Christi und seiner Nachfolger geworden. Wenn der Fisch das Symbol für Christus ist, dann ist der gebratene

Fisch das Symbol für seine verwandelte Menschlichkeit. Jesus steht vor ihnen, aber in verwandelter Gestalt.

Nachdem er den Fisch gegessen hatte, beruhigten sich die Jünger. Endlich waren sie bereit, seine Anweisungen entgegenzunehmen. »Diese Ereignisse«, sagte er, »erfüllen, was ich euch vorausgesagt habe.« Er hatte bei zahlreichen Gelegenheiten gesagt, dass er der Obrigkeit ausgeliefert werden würde, dass er getötet werden und am dritten Tag auferstehen würde, aber die emotionalen Blockaden erlaubten es den Jüngern nicht, ihm richtig zuzuhören.

»Alles, was über mich im Gesetz Mose, bei den Propheten und in den Psalmen geschrieben steht, muss erfüllt werden«, fuhr Jesus fort. Dann gab er ihnen den Schlüssel, um die Heiligen Schriften zu verstehen.

Dieser Schlüssel zum Verständnis der Schrift versetzt Menschen in die Lage, die spirituelle Bedeutung hinter den Texten wahrzunehmen. Jesus zeigt den Jüngern, dass die Bedeutung bestimmter prophetischer Texte sich in den Ereignissen der letzten Tage erfüllt hat: »Der Messias muss leiden und am dritten Tag von den Toten auferstehen, und in seinem Namen sollen die Notwendigkeit einer Veränderung in den Herzen und die Vergebung der Sünden allen Völkern gepredigt werden.«

Die Notwendigkeit einer Veränderung in den Herzen ist gleichbedeutend mit der Notwendigkeit, die Blickrichtung zu wechseln, wenn wir nach dem Glück suchen. Derselbe Schlüssel, der das Verständnis der Schrift eröffnet, öffnet auch die Tür zum Glück.

Die Vergebung der Sünden und die daraus folgende Wiederherstellung der Freundschaft mit Gott ist der große Triumph, der sich aus dem Opfer Jesu ergibt. Das ist die echte Sicherheit, nach der sich jedes Menschenherz sehnt. Das Opfer Jesu befreit uns von dem Gefühl des abgetrennten Selbst und von der Entfremdung. Dies ist der Friede, den die Welt nicht geben kann. Der Friede des Herrn kommt aus der inneren Erfahrung seiner Auferstehung, der Erkenntnis der Einheit unseres wahren Selbst mit der letzten Wirklichkeit.

Christus zerstreut Thomas' Zweifel

Am Abend dieses ersten Tages der Woche, als die Jünger aus Furcht vor den Juden die Türen verschlossen hatten, kam Jesus, trat in ihre Mitte und sagte zu ihnen: Friede sei mit euch! Nach diesen Worten zeigte er ihnen seine Hände und seine Seite. Da freuten sich die Jünger, dass sie den Herrn sahen. Jesus sagte noch einmal zu ihnen: Friede sei mit euch! Wie mich der Vater gesandt hat, so sende ich euch. Nachdem er das gesagt hatte, hauchte er sie an und sprach zu ihnen: Empfangt den Heiligen Geist! Wem ihr die Sünden vergebt, dem sind sie vergeben; wem ihr die Vergebung verweigert, dem ist sie verweigert. Thomas, genannt Didymus (Zwilling), einer der Zwölf, war nicht bei ihnen, als Jesus kam. Die anderen Jünger sagten zu ihm: Wir haben den Herrn gesehen. Er entgegnete ihnen: Wenn ich nicht die Male der Nägel an seinen Händen sehe und wenn ich meinen Finger nicht in die Male der Nägel und meine Hand nicht in seine Seite lege, glaube ich nicht. Acht Tage darauf waren seine Jünger wieder versammelt und Thomas war dabei. Die Türen waren verschlossen. Da kam Jesus, trat in ihre Mitte und sagte: Friede sei mit euch! Dann sagte er zu Thomas: Streck deinen Finger aus – hier sind meine Hände! Streck deine Hand aus und leg sie in meine Seite und sei nicht ungläubig, sondern gläubig! Thomas antwortete ihm: Mein Herr und mein Gott! Jesus sagte zu ihm: Weil du mich gesehen hast, glaubst du. Selig sind, die nicht sehen und doch glauben. Noch viele andere Zeichen, die in diesem Buch nicht aufgeschrieben sind, hat Jesus vor den Augen seiner Jünger getan. Diese aber sind aufgeschrieben, damit ihr glaubt, dass Jesus der Messias ist, der Sohn Gottes, und damit ihr durch den Glauben das Leben habt in seinem Namen. (Joh 20,19–31; Lesung am zweiten Sonntag nach Ostern)

Die zwei großen Geschenke, die Jesus seinen Jüngern am Tag seiner Auferstehung macht – am ersten Tag der Neuen Schöpfung –, sind die Vergebung der Sünden und die Wiederherstellung der Einheit mit Gott. Aber es gibt ein noch größeres Geschenk: Er gibt ihnen den Heiligen Geist, die Quelle für die Vergebung der Sünden und die Einheit mit Gott.

Die Ereignisse rund um die Auferstehung stellen uns verschiedene Aspekte des Oster-Mysteriums vor Augen, nicht zuletzt die Bedeutung der Neuen Schöpfung. Werfen wir deshalb einen Blick auf die bewegende Geschichte vom Apostel Thomas und seiner speziellen Reaktion auf die Nachricht von der Auferstehung.

Thomas war bei dem ersten Treffen der Jünger mit dem Auferstandenen nicht dabei gewesen. Seine Geschichte wirft ein Licht auf das Kaliber der Jünger, die Jesus ausgesucht hatte. Wir haben hier einen Apostel vor uns, der drei Jahre in der engen Gemeinschaft mit Jesus verbracht hat. Er hat eine intensive geistliche Ausbildung erhalten, hat täglich die Lehren des Meisters gehört und viele Wunder gesehen. Und doch sieht man an dieser Geschichte ganz deutlich, wie sehr Thomas noch unter dem Einfluss seiner emotionalen Glücksprogramme steht. Weil Jesus den Jüngern erschienen ist, als Thomas gerade nicht anwesend war, ist die Reaktion: »Warum hat er mich außen vor gelassen? Was ist falsch an mir? Warum die anderen und nicht ich?«

Während Thomas noch über die Situation nachdachte, wuchs sein Ärger. Die anderen Apostel sagten ihm die ganze Zeit: »Wir haben den Herrn gesehen!« Aber tief in seinem Inneren war er eher zornig als froh. Er fühlte sich vernachlässigt, zurückgewiesen, frustriert – und schließlich wurde er richtig wütend.

Was dachte Thomas? »Wenn Jesus mich nicht dabeihaben will, dann kümmere ich mich auch nicht um ihn. Wenn er mich nicht will, will ich ihn auch nicht.« Die übliche Rückzugsreaktion von Kindern. Er machte sich rar. Hat jemals ein kleiner Mensch aus Lehm dem Allmächtigen härtere Bedingungen für seinen Glauben diktiert? »Wenn ich die Abdrücke der Nägel in seinen Händen nicht sehe und meinen Finger nicht an die Stelle lege, wo die Nägel waren, wenn ich meine Hand nicht in seine Seite lege, dann glaube ich es nicht.«

Ebenso gut hätte er sagen können: »Macht's gut, Jungs, ich will mit euch nichts mehr zu tun haben. Und mit Jesus auch nicht.«

Wir wissen nicht, wie lange Thomas seine Bitterkeit, seine Verletztheit und sein Gefühl der Zurückweisung noch nährte. Es wurde jedenfalls nicht besser davon, dass er die anderen Apostel beobachtete, die fast ausrasteten vor Freude. Irgendwie überredeten sie ihn dann aber doch, eine Woche später mit ihnen zu Abend zu essen. Wir wissen nicht, warum sich Thomas dazu herabließ, die Einladung anzunehmen, aber dann lesen wir: »Acht Tage darauf waren seine Jünger wieder versammelt und Thomas war dabei. Die Türen waren verschlossen. Da kam Jesus, trat in ihre Mitte und sagte: Friede sei mit euch!«

Jesus sah sich um, bis er Thomas erblickte. Der wäre jetzt am liebsten in einem Loch im Boden verschwunden. »Mein Gott, was habe ich gesagt?« Die irrwitzigen Bedingungen, die er gestellt hatte, fielen jetzt auf ihn zurück. Jesus sah ihn an. Vielleicht lächelte er. Thomas wusste, was passieren würde.

Jesus sagte: »Thomas, komm her mit deinem Finger. Leg ihn hier in meine Hand. Und jetzt gib mir deine Hand. Leg sie hier in meine Seite.« Beachtenswert, wie Jesus Punkt für Punkt und Wort für Wort auf die Bedingungen eingeht. »Und nun sei nicht mehr ungläubig, sondern gläubig.«

Diese letzte Bemerkung traf Thomas bis ins Mark. Er erkannte die unglaubliche Güte Jesu, der sich seinen Forderungen unterwarf. Sein liebevolles Eingehen auf jede Einzelheit seiner albernen Forderungen machte Thomas unendlich verletzlich. Wie Adam und Eva wurde er aus dem Wald gerufen, aus dem Unterholz, wo sich sein falsches Selbst vor der Wahrheit versteckt hatte, in die nackte Wirklichkeit der Liebe Jesu. Was konnte er noch sagen? In seiner Antwort liegt das vollkommene Verschenken seiner Person. »Mein Herr und mein Gott!«

Wir wissen nicht, ob Thomas wirklich die Hand in die Seite Jesu gelegt hat. Aber wir wissen, dass er nun jeden Beweis vor sich hatte, den er brauchte. Er setzte sein ganzes Vertrauen auf den Auferstandenen, vielleicht in noch stärkerem Maße als die anderen Jünger. Eine wunderbare Wirkung der göttlichen Gnade ist die Tatsache, dass wir umso höher steigen können, je härter wir fallen, vorausgesetzt, wir nehmen die Demütigung an. »Wenn ich schwach bin«, bekennt Paulus, »dann bin ich stark.« (2 Kor 12,10)

Jesus macht noch eine letzte Bemerkung: »Selig sind, die nicht sehen und doch glauben.« Als wollte er sagen: »Thomas, ich freue mich, dass du Glauben gefunden hast. Aber als ich dich bei meinem ersten Besuch hier außen vor ließ, da ging es nicht um eine Zurückweisung, sondern um eine Einladung zu einer noch größeren Gnade. Es war die Einladung, nur aufgrund deiner eigenen inneren Erfahrung an mich zu glauben.«

Die Auferstehung Jesu ist nicht nur ein historisches Ereignis. Die Worte Jesu an Thomas deuten auf etwas anderes hin. Wir könnten sie auch folgendermaßen zusammenfassen: »Du baust deinen Glauben darauf, dass du mich siehst, Thomas, aber es gibt ein größeres

Glück – an meine Auferstehung zu glauben, weil du ihre Wirkung in dir selbst gespürt hast.«

Das ist natürlich eine wichtige Botschaft für uns. Sie sagt uns, dass es viel besser ist, sich auf der Grundlage reinen Glaubens an Christus zu binden, nicht aufgrund von Erscheinungen, Gefühlen, äußeren Beweisen oder Hörensagen, sondern aufgrund unserer persönlichen Erfahrung des Christus-Lebens, das sich erhebt und seine Früchte in uns trägt. Dies ist der lebendige Glaube, der uns dazu befähigt, unter dem Einfluss des Geistes zu handeln – desselben Geistes, den Jesus den Aposteln am Abend seiner Auferstehung einhauchte.

Christus erscheint seinen Freunden am See

Danach offenbarte sich Jesus den Jüngern noch einmal. Es war am See von Tiberias und er offenbarte sich in folgender Weise. Simon Petrus, Thomas, genannt Didymus (Zwilling), Natanaël aus Kana in Galiläa, die Söhne des Zebedäus und zwei andere von seinen Jüngern waren zusammen. Simon Petrus sagte zu ihnen: Ich gehe fischen. Sie sagten zu ihm: Wir kommen auch mit. Sie gingen hinaus und stiegen in das Boot. Aber in dieser Nacht fingen sie nichts. Als es schon Morgen wurde, stand Jesus am Ufer. Doch die Jünger wussten nicht, dass es Jesus war. Jesus sagte zu ihnen: Meine Kinder, habt ihr nicht etwas zu essen? Sie antworteten ihm: Nein. Er aber sagte zu ihnen: Werft das Netz auf der rechten Seite des Bootes aus und ihr werdet etwas fangen. Sie warfen das Netz aus und konnten es nicht wieder einholen, so voller Fische war es. Da sagte der Jünger, den Jesus liebte, zu Petrus: Es ist der Herr! Als Simon Petrus hörte, dass es der Herr sei, gürtete er sich das Obergewand um, weil er nackt war, und sprang in den See. Dann kamen die anderen Jünger mit dem Boot – sie waren nämlich nicht weit vom Land entfernt, nur etwa zweihundert Ellen – und zogen das Netz mit den Fischen hinter sich her. Als sie an Land gingen, sahen sie am Boden ein Kohlenfeuer und darauf Fisch und Brot. Jesus sagte zu ihnen: Bringt von den Fischen, die ihr gerade gefangen habt. Da ging Simon Petrus und zog das Netz an Land. Es war mit hundertdreiundfünfzig großen Fischen gefüllt, und obwohl es so viele waren, zerriss das Netz nicht. Jesus sagte zu ihnen: Kommt her und esst! Keiner von den Jüngern wagte ihn zu fragen: Wer bist du? Denn sie wussten, dass es der Herr war. Jesus trat heran, nahm das Brot und gab es ihnen, ebenso den Fisch. Dies war schon das dritte Mal, dass Jesus sich den Jüngern offenbarte, seit er von den Toten auferstanden war. (Joh 21,1–14; Lesung am dritten Sonntag nach Ostern)

Dieser Text ist unverkennbar von Nostalgie geprägt. Wir spüren den gemächlichen Schritt dieser dritten Erscheinung Jesu vor den Aposteln.

Einige der Apostel hatten sich in ihrer alten Heimatstadt versammelt. Er hatte zu ihnen gesagt: »Ich gehe euch voraus nach Galiläa, dort werdet ihr mich sehen.« Also gingen sie heim, wie er es gesagt hatte, und saßen wieder mal an den alten Plätzen am See, wo sie ihren Lebensunterhalt verdient hatten, bevor Jesus sie aus ihrem Alltag herausgerufen hatte, damit sie gemeinsam mit ihm das Reich Gottes verkündigten.

Er hatte gesagt, er würde sich dort mit ihnen treffen. Aber wo war er? Petrus sagte zu den anderen Jüngern: »Wollen wir nicht fischen gehen?« Und die anderen antworteten: »Gute Idee, wir gehen mit.«

Also stiegen sie alle in ein Boot und ruderten hinaus in die Mitte des Sees. Dort fischten sie den ganzen Tag, ohne irgendetwas zu fangen. Der Abend kam – immer noch nichts. Die Nacht brach ein, und sie saßen immer noch mitten auf dem See und warteten auf einen Fang. Erst versuchten sie es mit den Netzen auf der einen Seite, dann auf der anderen. Sie ruderten über den ganzen See. Es wurde immer dunkler. Der Mond ging auf und wieder unter, und sie waren immer noch draußen. Eine Nacht voller Anstrengungen, aber ohne Fische.

Sie warteten auf die Morgendämmerung, ziemlich frustriert. Sie waren müde, durchgefroren und gereizter Stimmung. Längst hatten sie das Reden aufgegeben und saßen zusammengesunken im Boot, mit finsterem Blick auf den See. Jetzt waren sie nur noch ein paar Hundert Meter vom Ufer entfernt. Und da sahen sie am Ufer die Gestalt eines Mannes, die sich langsam aus den Schatten löste. Es wurde heller, und der Mann war immer besser zu sehen. Nach einiger Zeit rief er ihnen freundlich zu: »Na, Jungs, habt ihr was gefangen?«

Sie wechselten ein paar wissende Blicke. Konnte der Typ sich nicht denken, dass eine Bootsmannschaft Fischer nicht um diese Zeit hier draußen sitzen würde, wenn sie etwas gefangen hätten?

»Nee!«, riefen sie ihm gereizt zu. Der Fremde, unbeeindruckt von ihrer unfreundlichen Antwort, rief zurück: »Werft euer Netz mal zur rechten Seite aus, da werdet ihr etwas fangen.« Sie sahen sich an. »Was bildet der sich ein, uns zu sagen, was wir tun sollen? Wir waren die ganze Nacht hier draußen. Es sind keine Fische da, wir wissen das.« Aber einer sagte dann doch: »Na, wir haben ja nichts zu verlieren.«

Also packten sie zum x-ten Mal das Netz, warfen es aus und ließen es an der rechten Seite des Bootes in den See sinken. Und sofort spürten sie ein enormes Gewicht. Ein riesiger Schwarm Fische war ihnen ins Netz gegangen. Einen Augenblick später hingen sie alle über die Seite des Bootes, als ginge es um ihr Leben, und das Boot neigte sich bedenklich zur Seite. »Es ist der Herr!«, rief Johannes. Das zweite Mal, dass das Evangelium von einer Nacht ohne Fische erzählt – einer Nacht voller Anstrengung und ohne Ergebnis. Ein lebendiges Symbol unserer Erfahrung unendlicher Reinigung, die den Weg frei macht für die Morgendämmerung der inneren Auferstehung.

Sobald Petrus hörte, dass der Fremde Jesus war, sprang er in den See und schwamm ans Ufer. Die anderen Jünger zerrten das Boot ans Ufer und brachten das Netz an Land. Dort stellten sie fest, dass Jesus ein Feuer gemacht hatte und Fische briet. Jesus, der Frühstückskoch. Zu Petrus sagte er: »Bring ein paar von den Fischen, die ihr gerade gefangen habt.«

Petrus ging zu dem Netz, wo die anderen Apostel gerade die Fische zählten. Es dauert eine Weile, einhundertdreiundfünfzig Fische zu zählen, die besten auszuwählen und zu braten. Als alles fertig war, sagte er zu ihnen: »Kommt, es gibt Frühstück.« Keiner der Jünger brachte den Mut auf, ihn zu fragen: »Wer bist du?« Sie wussten ganz genau, dass es der Herr war.

Sie setzten sich alle. Jesus nahm das Brot, segnete es, brach es und teilte es aus. Dasselbe machte er mit dem Fisch. Während sie schweigend dasaßen und aßen, bemerkten sie eine unmissverständliche Veränderung in ihrer Beziehung zu ihm. Gemeinsames Essen ist ein Symbol der Zusammengehörigkeit. Vorher war gemeinsames Essen immer mit Gesprächen, Lachen und Singen verbunden gewesen. Diesmal war eine neue Stufe der Zusammengehörigkeit erreicht. Ihre frühere Beziehung zu Jesus ging dem Ende entgegen, eine neue Beziehung wurde ihnen mitgeteilt, auf einer wesentlich tieferen Ebene. Diese Mitteilung spielte sich nicht in Worten ab, auch nicht in Ideen oder Gefühlen, sondern durch den Geist, der in ihrem Inneren lebte – eine viel bessere Form der Kommunikation als früher.

Dies ist die Beziehung, von der Jesus sprach, als er Thomas tadelte und ihm sagte, der Glaube aufgrund einer persönlichen Erfahrung sei ein größeres Geschenk als der Glaube auf der Basis äußerer Beweise.

Der Zeitraum von fünfzig Tagen nach der Auferstehung, in dem sich Jesus seinen Jüngern zeigte, holte sie aus der Entmutigung in die enge Beziehung mit dem Geist Gottes, den er ihnen versprochen hatte. Die Jünger bewegten sich von einer rein menschlichen Beziehung zu Jesus zu der inneren Veränderung jener, die im Glauben und in der Empfindsamkeit für die Eingebungen des Geistes weiter fortschreiten.

Die Himmelfahrt

> *Nachdem Jesus, der Herr, dies zu ihnen gesagt hatte, wurde er in den Himmel aufgenommen und setzte sich zur Rechten Gottes. Sie aber zogen aus und predigten überall. Der Herr stand ihnen bei und bekräftigte die Verkündigung durch die Zeichen, die er geschehen ließ. (Mk 16,19–20)*

Indem Christus Mensch wurde, verschwand die Trennung zwischen Materie und Geist. In der Person des Gott-Menschen entstand ein Kontinuum zwischen dem Göttlichen und dem Menschlichen. So besteht Gottes Plan nicht nur darin, die materielle Welt zu vergeistigen, sondern darin, die Materie selbst göttlich zu machen. Das hat er in der verherrlichten Menschlichkeit seines Sohnes bereits getan. Die Gnade, die uns bei der Himmelfahrt Jesu zuteilwird, ist die Vergöttlichung unserer Menschlichkeit. Unsere Individualität wird durch die Gnade der Himmelfahrt Jesu vom Geist Gottes durchdrungen, und noch viel mehr durch die Gnade des Pfingstfestes. So verschwindet durch Christus auch in uns die Trennung zwischen Materie und Geist. Unser Leben wird zu einer geheimnisvollen gegenseitigen Durchdringung von materieller Erfahrung, spiritueller Wirklichkeit und göttlicher Gegenwart.

Der Schlüssel zu unserem Leben als Christen liegt darin, dass wir Jesus Christus mit unserem ganzen Sein kennen. Es ist wichtig, seine heilige Menschlichkeit durch unsere Sinne kennenzulernen und darüber mit unserem Verstand nachzudenken, seine Lehren und sein Beispiel in unserer Phantasie und Erinnerung zu schätzen und ihn durch ein Leben in moralischer Integrität nachzuahmen. Aber das ist nur der Anfang. Christus wendet sich in den Evangelien mit besonderer Dringlichkeit an das transzendente Potenzial in uns – an unseren Geist, der sich für die unbegrenzte Wahrheit öffnet, und an unseren Willen, der sich nach unbegrenzter Liebe ausstreckt.

Es ist aber nicht nur wichtig, Jesus Christus mit unserem ganzen Sein zu kennen. Wir müssen Christus vor allem in seiner heiligen Menschlichkeit und in seiner historischen Wahrheit erkennen, oder noch präziser: in seiner Passion, die den Höhepunkt seines irdischen Lebens darstellte. Der wichtigste Punkt an dieser Passion ist die Entäußerung seiner Göttlichkeit. Wir treten in diese Entäußerung mit ein, indem wir den gleichen Prozess auch in unserem Leben annehmen, indem wir unser falsches Selbst ablegen und in der Gegenwart Gottes leben, der Quelle unseres Seins.

Wir müssen Christus aber nicht nur in seiner menschlichen Natur erkennen – in seiner Passion und Entäußerung –, sondern auch in seiner Göttlichkeit. Dies ist die Gnade der Auferstehung. Es geht um die Befähigung, sein auferstandenes Leben mitzuleben. Es geht um die Gnade, nicht mehr in Sünde zu leben. Um die Gnade, sein auferstandenes Leben im Angesicht unserer inneren Armut mitzuleben, ohne diese Armut aufzugeben.

Die Gnade der Himmelfahrt lädt uns zu einer noch unglaublicheren Einheit ein. Sie ist eine noch bezauberndere Einladung zu grenzenlosem Leben und grenzenloser Liebe. Es ist die Einladung zur Vereinigung mit dem kosmischen Christus – mit seiner Göttlichkeit, dem Wort Gottes, das in die Welt gekommen ist. Und er ist immer gegenwärtig gewesen, als Retter, weil Gott seine Inkarnation, seinen Tod und seine Auferstehung von Anfang an geplant hat. Christus ist das »Licht, das jeden Menschen erleuchtet« (Joh 1,9), der Gott, der heimlich auf ganz unerwartete und verborgene Weise wirkt. Dieser Christus verschwindet bei seiner Himmelfahrt in den Wolken, nicht an einen geografischen Ort, sondern ins Herz der gesamten Schöpfung, vor allem aber in die Tiefe unseres eigenen Seins. Unser abgetrenntes Selbst verschmilzt mit seiner Göttlichkeit, sodass wir unter dem direkten Einfluss seines Geistes leben können. Selbst wenn wir eine Tasse Suppe trinken oder die Straße hinuntergehen, lebt und wirkt Christus in uns und verwandelt die Welt von innen heraus. Diese Transformation erscheint in der Verkleidung ganz alltäglicher Dinge – in der Verkleidung unserer scheinbar unbedeutenden täglichen Routine.

Mit der Himmelfahrt kehrt Christus ins Herz der Schöpfung zurück, wo er nun in verherrlichter Menschlichkeit weiterlebt. Das Geheimnis seiner Gegenwart ist in der Gesamtheit der Schöpfung und in allen Teilen der Schöpfung verborgen. An einem bestimmten Punkt der Geschichte, den die Prophezeiungen den Jüngsten Tag nennen, werden uns die Augen aufgehen, und wir werden die Wirklichkeit sehen, wie sie ist, nur durch den Glauben. Dieser Glaube enthüllt uns, dass Christus mitten in der Schöpfung gegenwärtig ist, in jedem einzelnen Teil der Schöpfung, sie verwandelt und nach Hause bringt, in die Einheit mit ihm selbst, in den Schoß des Vaters. So wird die höchste Ehre der Dreifaltigkeit erreicht – durch das Teilen des göttlichen Lebens mit jedem Geschöpf, so viel es ertragen kann. Dies ist das Geheimnis, »das von Ewigkeit in Gott, dem Schöpfer des Alls, verborgen war«. (Eph 3,9)

Die Gnade der Himmelfahrt ist der Triumph des Glaubens, dass Gottes Wille geschieht, *was auch immer geschieht*. Dass die Schöpfung bereits verherrlicht ist, wenn auch in verborgener Weise, während sie die volle Enthüllung der Kinder Gottes erwartet.

Die Gnade der Himmelfahrt versetzt uns in die Lage, die unwiderstehliche Macht des Geistes wahrzunehmen, der alles in Christus verwandelt, trotz aller scheinbaren Beweise des Gegenteils. Im Elend des Ghettos, auf dem Schlachtfeld, im Konzentrationslager. In der von Streit zerrissenen Familie, in der Einsamkeit eines Waisenhauses, eines Altersheims oder Krankenhauses ... Wo auch immer wir das Böse wahrnehmen, brennt bereits das Licht der Himmelfahrt mit unwiderstehlicher Kraft. Dies ist eine der größten Glaubenswahrheiten. Dieser Glaube findet Christus nicht nur in der Schönheit der Natur und Kunst, in menschlichen Freundschaften und dem Dienst für andere, sondern auch in der Bosheit und Ungerechtigkeit von Menschen und Institutionen und im unerklärlichen Leid der Unschuldigen. Selbst dort findet der Glaube dieselbe unendliche Liebe, die den Hunger Gottes nach Menschlichkeit zum Ausdruck bringt: einen Hunger, den er stillen will.

Deshalb zögert Paulus im Brief an die Kolosser nicht, seinen triumphierenden Glauben an die Himmelfahrt laut herauszurufen: »Christus ist alles und in allem« (Kol 3,11), das heißt, jetzt, nicht irgendwann in der Zukunft. Jetzt, in diesem Augenblick, erfahren auch wir die Gnade, das Licht Christi in unseren Herzen leuchten zu sehen, seine allumfassende Gegenwart in uns und in jedem Teil der Schöpfung zu spüren – selbst in den beunruhigendsten Dingen: die Gegenwart von Licht, Liebe und Herrlichkeit.

Pfingsten

Wenn ihr mich liebt, werdet ihr meine Gebote halten. Und ich werde den Vater bitten und er wird euch einen anderen Beistand geben, der für immer bei euch bleiben soll. Es ist der Geist der Wahrheit, den die Welt nicht empfangen kann, weil sie ihn nicht sieht und nicht kennt. Ihr aber kennt ihn, weil er bei euch bleibt und in euch sein wird. (Joh 14,15–17)

Einführung

Die Zeit der Vorbereitung auf das Pfingstfest ist kurz, gerade einmal zehn Tage; die beiden bisherigen Festzeiten dienen sozusagen als Fern-Vorbereitung und haben uns auch tatsächlich gründlich vorbereitet.

Pfingsten ist gleichzeitig das Haupt- und Krönungsfest der theologischen Idee von der göttlichen Liebe. Tatsächlich ist es das Krönungsfest des gesamten liturgischen Jahres. In der restlichen Zeit wird die Lehre und das Beispiel Jesu im Licht des Pfingstereignisses betrachtet, will sagen, aus der Perspektive der göttlichen Liebe.

Das Pfingstfest

> *Am letzten Tag des Festes, dem großen Tag, stellte sich Jesus hin und rief: Wer Durst hat, komme zu mir, und es trinke, wer an mich glaubt. Wie die Schrift sagt: Aus seinem Inneren werden Ströme von lebendigem Wasser fließen. Damit meinte er den Geist, den alle empfangen sollten, die an ihn glauben; denn der Geist war noch nicht gegeben, weil Jesus noch nicht verherrlicht war. (Joh 7,37–39)*

Jedes Fest im liturgischen Jahr ist sowohl ein Ereignis, das gefeiert wird, als auch eine Gnade, die empfangen wird. Die Gnade des Weihnachtsfestes besteht darin, Christus in seiner Menschlichkeit kennenzulernen. Die Gnade des Epiphaniefestes besteht darin, ihn in seiner Göttlichkeit kennenzulernen. Die Gnade der Karwoche ist die Erfahrung der Entäußerung und des Todes. Die österliche Gnade ist das Erlebnis seines Siegs über Sünde und Tod. Die Gnade der Himmelfahrt ist die Bekanntschaft mit ihm als dem kosmischen Christus. Wir lernen den verherrlichten Christus kennen, der nicht an einen bestimmten geografischen Ort gegangen ist, sondern ins Herz der Schöpfung.

Der kosmische Christus, der sich im Geheimnis der Himmelfahrt offenbart, manifestiert unser wahres Selbst und die innere Natur aller Wirklichkeit. Damit wird der lebendige, pulsierende Geist manifestiert, der uns und alle Dinge mit grenzenlosem Licht, mit Leben und Liebe erfüllt. Der Geist ist immer gegenwärtig und doch immer auf dem Weg. Deshalb wird die göttliche Gegenwart immer wieder neu sichtbar, wenn wir uns auf eine neue Ebene spiritueller Wahrnehmung begeben. Der Geist ist uns geschenkt, und doch wartet er immer darauf, empfangen zu werden, sodass er sich uns wieder und noch vollständiger schenken kann. Was ist dann also die besondere Gnade des Pfingstfestes?

Am Tag seiner Auferstehung hauchte Jesus seinen Jüngern den Geist ein und sagte: »Empfangt den Heiligen Geist.« (Joh 20,22) Am Tag seiner Himmelfahrt, vierzig Tage später, befahl er ihnen, Jerusalem nicht zu verlassen, sondern auf das Versprechen des Vaters zu warten: In wenigen Tagen sollt ihr mit dem Heiligen Geist getauft werden. (Apg 1,4–5)

Der Geist wird uns also nicht nur einmal geschenkt. Er ist ein beständiges, endloses Versprechen – ein Versprechen, das immer erfüllt ist und erfüllt wird, weil der Geist unendlich und grenzenlos ist und nie ganz festgelegt werden kann.

Der Geist ist das letzte Versprechen des Vaters. Ein Versprechen ist ein freiwilliges Geschenk. Niemand ist dazu verpflichtet, etwas zu versprechen. Sobald ein Versprechen aber einmal gemacht ist, ist man daran gebunden. Wenn Gott sich selbst bindet, dann tut er das mit absoluter Freiheit und gleichzeitig mit absoluter Treue. Der Geist als Versprechen, als Geschenk, ist nicht unser Besitz. Er ist ein Versprechen, das ausgesprochen wurde und nicht zurückgenommen werden kann, weil Gott seine Versprechen immer hält. Bemerkenswert ist dabei, dass die Übermittlung des Geistes auf dem Weg des Geschenks erfolgt, nicht auf dem Weg des Besitzes. Es ist wie mit der Luft, die wir atmen – wir können so viel davon in unsere Lungen aufnehmen, wie wir wollen, aber sie gehört uns nicht. Wenn wir versuchen, sie in Besitz zu nehmen – sie zum Beispiel in einen Schrank einzusperren, um sie zu bewahren –, mühen wir uns vergeblich. Luft ist nicht dafür da, besessen zu werden, und genauso ist es mit dem Geist Gottes.

Der göttliche Geist ist ganz Geschenk und unterwirft sich keiner besitzergreifenden Haltung. Er gehört uns, solange wir ihn weiterverschenken. »Der Wind weht, wo er will; du hörst sein Brausen, weißt aber nicht, woher er kommt und wohin er geht. So ist es mit jedem, der aus dem Geist geboren ist.« (Joh 3,8) Mit diesen Worten erklärt Jesus dem Nikodemus und uns, dass wir keine Kontrolle über den Geist haben. Tatsächlich können wir nur dann beweisen, dass wir ihn haben, wenn wir ihn weitergeben. Er ist ganz Geschenk, aber er ist auch ganz er selbst, ganz frei.

Der Geist Gottes, das Versprechen des Vaters, fasst in sich alle Versprechen Christi zusammen. Denn sie deuten alle auf ihn. Die Inkarnation ist ein Versprechen. Die Passion und der Tod Jesu sind Versprechen. Seine Auferstehung und Himmelfahrt sind je ein Versprechen. Das Pfingstfest selbst, die Ausgießung des Heiligen Geistes, ist ein Versprechen. Sie alle sind Versprechen und Zusagen des Heiligen Geistes, gegenwärtig und in jedem Augenblick zu empfangen. Er ist das letzte, größte und vollkommenste aller göttlichen Versprechen, die lebendige Zusammenfassung aller Verheißungen. Der Glaube an ihn ist gleichbedeutend mit dem Glauben an die ganze Offenbarung. Offenheit und Hingabe an seine Führung ist die Fortsetzung der göttlichen Offenbarung in uns und durch uns. Sie gehört untrennbar zur Erlösung der Welt und zur Vergöttlichung des Kosmos. Zu wissen, dass Christus alles in allem und in allen ist, und den Geist zu kennen, das ständige Versprechen des Vaters – das ist die Gnade des Pfingstfestes.

Zwischen Gott und uns treffen sich zwei Extreme: Er, der alles ist, und wir, die wir gar nichts sind. Der Geist vereint uns mit Gott und in Gott, so wie das Wort bei Gott ist *und Gott ist* – das Wort von Natur aus, wir durch Teilhabe und Übermittlung. Beim letzten Abendmahl hat Jesus für diese Einheit gebetet. Viele seiner Worte bei dieser Gelegenheit finden ihre Erfüllung und letzte Bedeutung in der Ausgießung des Heiligen Geistes in unsere Sinne und Herzen. Jesus hat gesagt: »Und ich habe ihnen die Herrlichkeit gegeben, die du mir gegeben hast; denn sie sollen eins sein, wie wir eins sind.« (Joh 17,22f)

Der Heilige Geist ist das Geschenk Gottes, das in der Dreieinigkeit aus dem gemeinsamen Herzen des Vaters und des Sohnes strömt. Er ist das Überfließen des göttlichen Lebens in die heilige Menschlichkeit Jesu und von dort aus in uns alle, seine Glieder.

»Wer Durst hat, komme zu mir, und es trinke, wer an mich glaubt. Wie die Schrift sagt: Aus seinem Inneren werden Ströme von lebendigem Wasser fließen.« (Joh 7,37f) Johannes sagt uns, dass Jesus vom Heiligen Geist sprach, als er diese Worte sagte. Der Geist ist der Strom lebendigen Wassers, der in denen aufquillt, die glauben. Es ist derselbe Geist, der unsere Herzen zum Jubeln bringt, weil er in uns das Vertrauen zu Gott als dem Vater hervorbringt. Abba, das Wort, das spontan in uns aufsteigt, fasst unsere Intimität mit Gott und unser Wissen zusammen, dass wir nicht nur bei Gott sind wie der Freund bei einem Freund, sondern *in* Gott. Wir sind von Gott durchdrungen und durchdringen Gott durch den geheimnisvollen, alles umfassenden, alles aufnehmenden und umarmenden Geist.

In seinem hohepriesterlichen Gebet für seine Jünger bat Jesus: »Wie du, Vater, in mir bist und ich in dir bin, sollen auch sie in uns sein, damit die Welt glaubt, dass du mich gesandt hast.« (Joh 17,21) Es ist der Geist, der uns im Leib Christi vereint. Wir alle haben denselben Geist empfangen, der uns lebendig macht und uns in Christus, im Vater und im Geist leben lässt.

Wir sind in Gott, und Gott ist in uns, und die vereinigende Kraft ist der Heilige Geist. Wenn wir im Geist leben, erfüllen wir jedes Gesetz und Gebot, die Summe aller Pflichten anderen Menschen gegenüber und die Freude der Einheit mit allem, was ist.

Die Sonntage im Jahreskreis

Ich bin gekommen, damit sie das Leben haben und es in Fülle haben. (Joh 10,10)

Einführung

Die Sonntage nach Pfingsten und bis zum Beginn der Adventszeit bilden die Zeit, die von Pfingsten her gesehen wird; eine Zeit, verwandelt durch die ewigen Werte, die Jesus durch sein Eintreten in das Raum-Zeit-Kontinuum der menschlichen Erfahrung mitgebracht hat. Jeder Augenblick der chronologischen Zeit ist jetzt kostbare Gegenwart, in der ewige Werte angeboten, übermittelt und übertragen werden. Chronologische und ewige Zeit schneiden sich im Geheimnis des gegenwärtigen Augenblicks und werden eins: der Strom der Zeit und der Ewigkeit fließen zusammen. Die Liturgie unter dem Einfluss des Heiligen Geistes betrachtet die Lehre und das Beispiel Jesu unter diesem kontemplativen Blickwinkel.

In diesem Kapitel geht es um Beispiele aus der Lehre Jesu, um die Seligpreisungen und die Gleichnisse wie auch um verschiedene Ereignisse aus der Zeit seines Wirkens. Sie zeigen, wie das ganz normale Leben durch die Kraft des Evangeliums, durch das göttliche

Licht, das Leben und die Liebe in der Liturgie verwandelt wird. In diesem Sinne ist diese Zeit eine ganz besondere Zeit – eine Zeit, die verwandelt ist oder verwandelt wird.

Die Seligpreisungen

Die reife Frucht der Gnade des Pfingstfestes ist die Übung der Seligpreisungen. Die Seligpreisungen sind Akte der Tugend, inspiriert durch den Heiligen Geist, die das auferstandene Leben Christi in uns manifestieren.

Wahres Glück

Als Jesus die vielen Menschen sah, stieg er auf einen Berg. Er setzte sich, und seine Jünger traten zu ihm. Dann begann er zu reden und lehrte sie. Er sagte: Selig, die arm sind vor Gott; denn ihnen gehört das Himmelreich. Selig die Trauernden; denn sie werden getröstet werden. Selig, die keine Gewalt anwenden; denn sie werden das Land erben. Selig, die hungern und dürsten nach der Gerechtigkeit; denn sie werden satt werden. Selig die Barmherzigen; denn sie werden Erbarmen finden. Selig, die ein reines Herz haben; denn sie werden Gott schauen. Selig, die Frieden stiften; denn sie werden Söhne Gottes genannt werden. Selig, die um der Gerechtigkeit willen verfolgt werden; denn ihnen gehört das Himmelreich. Selig seid ihr, wenn ihr um meinetwillen beschimpft und verfolgt und auf alle mögliche Weise verleumdet werdet. Freut euch und jubelt: Euer Lohn im Himmel wird groß sein. Denn so wurden schon vor euch die Propheten verfolgt. (Mt 5,1–12)

Zu Beginn der Bergpredigt findet sich eine Reihe von Affirmationen, die Seligpreisungen genannt werden und Jesu Lehre über den Charakter des wahren Glücks zusammenfassen. Jede beginnt mit dem Wort »Selig«, was so viel bedeutet wie: »Oh, wie glücklich wärt ihr!« Die ersten drei Seligpreisungen zielen darauf ab, die Werte der ersten drei Energiezentren und der darauf beruhenden Glücksprogramme zu zerstören. Diejenigen, die von einem dieser drei Energiezentren motiviert sind, tragen die Programmierung menschlichen Elends in sich.

Die ersten drei Energiezentren sind ausgefeilte Glücksprogramme, die sich im vorrationalen Alter entwickeln und von da an heftig verteidigt werden. Daher die Betonung der Umkehr in der Lehre Jesu, was so viel heißt wie: Ändert die Richtung, in der ihr nach dem Glück sucht. Die Seligpreisungen kamen aus dem Herzen Jesu, als er die Menge sah, die ihm folgte, und mit unendlichem Mitgefühl erkannte, dass sie »wie Schafe ohne Hirten« waren. Sie gingen alle ihren eigenen Weg, ziellos und ohne Richtung. So lassen sich auch heute noch die Projekte der ersten drei Energiezentren beschreiben. Die Seligpreisungen geben uns ein Stück weit Einsicht in unsere Möglichkeiten, diese Energiezentren aufzugeben und uns dem wahren Glück zu nähern.

Die ersten drei Seligpreisungen kann man auch mit dem Gebot der Nächstenliebe zusammenfassen. Wer das Gebot befolgt, den Nächsten wie sich selbst zu lieben, lässt das falsche Selbst schnell hinter sich. Wir können unseren Nächsten kaum so lieben wie uns selbst, wenn wir übertriebene Forderungen nach Sicherheit/Überleben, Zuneigung/Wertschätzung und Macht/Kontrolle ausleben.

Die nächsten vier Seligpreisungen zielen auf höhere Bewusstseinsstufen. Sobald die Liebe zum Nächsten existiert, entfaltet die göttliche Liebe ihre Geheimnisse. Die letzten vier Seligpreisungen können also unter dem Gebot Jesu »Liebt einander, wie ich euch geliebt habe« zusammengefasst werden. Diese Dimension der Liebe ist tiefer und umfassender als das Gebot der Nächstenliebe.

Schauen wir uns die erste Seligpreisung an: »Selig, die arm sind vor Gott; denn ihnen gehört das Himmelreich.« Was ist das Himmelreich? Es entspricht dem, was Gott in uns tut. Es ist sicher keine Lebensregel, die wir selbst entwerfen. Es ist die Offenheit, die Gott jederzeit Eintritt in unser Leben verschafft. Deshalb setzt es Flexibilität voraus, mit der wir uns Ereignissen und Umständen anpassen, und die Bereitschaft, unsere eigenen Pläne zugunsten der Inspiration des Heiligen Geistes loszulassen.

Wer sind die Menschen, die arm sind vor Gott? Es sind die Unterdrückten, die Niedergeschlagenen und die Verachteten in einer Kultur. Es sind die Nobodys, die Unbedeutenden, die Leute, die irgendwie nicht zählen. Der Begriff umfasst auch Menschen, die materiell gar nicht arm sind, obwohl das dazu beitragen kann, dass sie von den Wohlhabenderen verachtet werden. Geistliche Armut meint Menschen, die unter irgendeiner Form menschlichen Mangels leiden. Die Wendung »vor Gott« deutet darauf hin, dass nicht die materielle Armut oder die Bedrängnis der entscheidende Faktor ist, um diese Seligpreisung wahr werden zu lassen, sondern dass es darum geht, die schmerzlichen Umstände anzunehmen, wie auch immer sie aussehen mögen. Die Armen »vor Gott« sind diejenigen, die bereit sind, Bedrängnis um Gottes willen zu ertragen.

Die letzte Seligpreisung erklärt diejenigen, die um der Gerechtigkeit oder Wahrheit willen verfolgt werden, für glücklich, weil sie einen besonderen Anspruch auf das Reich Gottes und die Fülle des Glücks besitzen. Normalerweise wird man nicht verfolgt, weil man nichts getan hat, sondern weil man versucht hat, ungerechte Strukturen zu verändern. Damit ist auch gesagt, dass die Armen vor Gott nicht einfach passiv die repressiven Umstände hinnehmen, in denen sie sich befinden. Ihr erster Schritt ist tatsächlich die Annahme dessen, was ist. Aber Gottes Wille kann auch von uns verlangen, dass wir handeln, um ungerechte Strukturen oder unterdrückende Zustände zu korrigieren, zu verbessern oder einfach zu verändern, sodass Gottes Wille geschieht, in einer Weise, die uns der Heilige Geist eingibt.

Wenn alles passiv hingenommen wird, kann das auch auf eine passive und abhängige Persönlichkeit hindeuten, die sich zu sehr darauf stützt, anderen zu gefallen. Vor allem Autoritäten werden gesucht, um das eigene zerbrechliche Sicherheitsgefühl zu polstern. Passives Akzeptieren kann auch das Ergebnis jahrelangen Leidens unter irgendeiner Form von physischer, psychischer, sozialer, ökonomischer oder religiöser Unterdrückung sein, die die eigene Fähigkeit erschöpft hat, der Ungerechtigkeit zu widerstehen oder irgendetwas dagegen zu unternehmen. Unterdrückung gleich welcher Art zerstört die Willenskraft, wenn sie nur lange genug anhält, und reduziert ihre Opfer auf Apathie und Gleichgültigkeit.

Die Armen vor Gott sind also diejenigen, die Bedrängnis aktiv annehmen, nicht passiv. Sie akzeptieren die Situation bereitwillig so, wie sie ist, als Tatsache des Lebens, und arbeiten dann daran, sie zu verbessern. Auf diese Weise nehmen sie am Schöpfungswerk Gottes teil, und dies ist die vornehmste Aufgabe aller Menschen. Es ist die Botschaft aus dem Garten Eden. (Gen 1,27–31)

Unter allen Menschen, die je auf der Erde gelebt haben, war Jesus, der Sohn Gottes, in höchstem Maße frei. Er konnte wählen, wo er geboren wurde, wo er lebte und wo er starb. Und seine Wahl ist erstaunlich, um es vorsichtig zu formulieren. Sie hat jedenfalls keinerlei Ähnlichkeit mit den Programmierungen der ersten drei Energiezentren, die alle anderen Menschen belasten.

Zunächst einmal lebte er in einer Stadt, die als vollkommen unbedeutend galt. »Kann aus Nazaret etwas Gutes kommen?«, heißt es in einem Text. (Joh 1,46) Dann bestand er darauf, sich von Johannes dem Täufer taufen zu lassen. Als Johannes sich weigerte, erwiderte Jesus: »Lass es nur zu! Denn nur so können wir die Gerechtigkeit (die Gott fordert) ganz erfüllen.« (Mt 3,15) Die Taufe des Johannes war ein Ruf zur Buße und Umkehr. Jesus wollte diesen Ruf verstärken, indem er selbst die Taufe auf sich nahm. Die Taufe ist eine Verpflichtung, sich von übermäßigen Forderungen nach Sicherheit/Überleben, Zuneigung/Wertschätzung und Macht/Kontrolle zu befreien. Die Seligpreisung der Armen vor Gott konzentriert sich auf das Sicherheitszentrum, das ständig mehr und Besseres verlangt, um sich sicher zu fühlen.

Jesus hätte ein strenger Asket werden können wie Johannes der Täufer, aber er wählte lieber einen Mittelweg. Er aß mit den Sündern und trank Wein, was die Jünger des Johannes niemals getan hätten. Er sprach in der Öffentlichkeit mit Frauen, was ein Rabbi zu seiner Zeit nicht tun durfte. Jesus war vollkommen frei von den Moralvorschriften der Konformität, die seine Zeitgenossen fesselten. Er hielt sich nicht an die Gebräuche der Gesellschaft, nur um die religiösen Empfindlichkeiten seiner Zeit zu befriedigen.

Am Ende starb er am Kreuz zwischen zwei Verbrechern, verraten von einem Freund und verlassen von seinen Jüngern. Kein Wohltäter der Menschheit wurde jemals sowohl von den religiösen als auch den politischen Autoritäten so durch und durch verachtet und zurückgewiesen wie er. Am Beispiel seines Lebens wird deutlich, dass Sein wichtiger ist als Tun. Es geht nicht darum, wie erfolgreich man ist, sondern *was* man ist. Wie bei Jesus kann ein Lebenswerk vollkommen zerstört werden, und trotzdem kann das Leben ein ungeheurer Erfolg sein. Tatsächlich ist die Zerstörung des Lebenswerks ein klassischer Weg Gottes, seine Diener zur letzten Hingabe zu führen. Die spirituelle Reise wird fordernder, je länger sie dauert, aber auch befreiender.

Die Schöpfung gehört uns, vorausgesetzt, wir versuchen nicht, sie zu besitzen. Unsere angeborene Sehnsucht nach Sicherheit hindert uns daran, alles zu genießen, was existiert. Das heißt nicht, dass wir nichts besitzen sollen, sondern dass wir uns unabhängig davon machen sollen, was auch immer wir besitzen. Sonst verlieren wir die richtige Perspektive und damit auch die Freude dieser Seligpreisung. Johannes vom Kreuz schrieb: »Wenn du alles besitzen willst, ersehne nichts.« Indem wir eine nicht besitzergreifende Haltung zu allem einnehmen, auch zu uns selbst, erfahren wir alles als Geschenk. Dann sind wir wahrhaft »arm vor Gott« und werden in allem Freude finden.

Ein neues Bewusstsein

> *Jesus stieg mit ihnen den Berg hinab. In der Ebene blieb er mit einer großen Schar seiner Jünger stehen und viele Menschen aus ganz Judäa und Jerusalem und dem Küstengebiet von Tyrus und Sidon strömten herbei. Sie alle wollten ihn hören und von ihren Krankheiten geheilt werden. Auch die von unreinen Geistern Geplagten wurden geheilt. Alle Leute versuchten, ihn zu berühren; denn es ging eine Kraft von ihm aus, die alle heilte. Er richtete seine Augen auf seine Jünger und sagte: Selig, ihr Armen, denn euch gehört das Reich Gottes. (Lk 6,17–20)*

> *Selig, die arm sind vor Gott; denn ihnen gehört das Himmelreich. Selig die Trauernden; denn sie werden getröstet werden. Selig, die keine Gewalt anwenden; denn sie werden das Land erben. (Mt 5,3–5)*

In dieser Wiedergabe der Bergpredigt erfahren wir, dass sich eine große Menschenmenge versammelt hatte. Viele Menschen waren gekommen, um von ihren Krankheiten geheilt zu werden, und kümmerten sich gar nicht um geistliche Unterweisung. Jesus aber lehrte alle, die zugegen waren. Wir können deshalb sicher sein, dass seine Worte auch uns gelten.

Wir haben gesehen, dass die Armen vor Gott diejenigen sind, die um Gottes willen in Bedrängnis geraten. Menschen, die von den normalen Sicherheitssymbolen ihrer Gesellschaft abgeschnitten sind, besitzen die idealen Voraussetzungen für das Reich Gottes, weil sie nichts zu verlieren haben. Und wer nichts zu verlieren hat, ist viel eher bereit, Gott in sein Leben einzulassen. Jesus zeigt in seiner Lehre, dass die Heilung unseres Sicherheitszentrums dann zustande kommt, wenn wir es Gott überlassen, sich um all unsere Bedürfnisse zu kümmern. In der Bergpredigt führt Jesus aus, was er damit meint, die ängstliche Suche nach immer mehr Besitz aufzugeben, die unser Gefühl der Unsicherheit besänftigen soll:

> *Deswegen sage ich euch: Sorgt euch nicht um euer Leben und darum, dass ihr etwas zu essen habt, noch um euren Leib und darum, dass ihr etwas anzuziehen habt. Ist nicht das Leben wichtiger als die Nahrung und der Leib wichtiger als die Kleidung? Seht euch die Vögel des Himmels an: Sie säen nicht, sie ernten nicht und sammeln keine Vorräte in Scheunen; euer himmlischer Vater ernährt sie. Seid ihr nicht viel mehr wert als sie? Wer von euch kann mit all seiner Sorge sein Leben auch nur um eine kleine Zeitspanne verlängern? Und was sorgt ihr euch um eure Kleidung? Lernt von den Lilien, die auf dem Feld wachsen: Sie arbeiten nicht und spinnen nicht. Doch ich sage euch: Selbst Salomo war in all seiner Pracht nicht gekleidet wie eine von ihnen. Wenn aber Gott schon das Gras so prächtig kleidet, das heute auf dem Feld steht und morgen ins Feuer geworfen wird, wie viel mehr dann euch, ihr Kleingläubigen!* (Mt 6,25–30)

»Selig sind die Trauernden, denn sie sollen getröstet werden.« Liebe, die durch Selbstsucht verzerrt wird, klammert sich an bedeutungslose oder illusorische Glücksprojekte. Wenn wir diese Dinge loslassen, fühlen wir Verlust und entsprechende Trauer. Diese Trauer ist nicht dieselbe, die entsteht, wenn wir nicht loslassen wollen, um was man uns bittet oder was man uns nimmt, und die Entmutigung, Depression und sogar Verzweiflung hervorrufen kann. Die Bereitschaft, loszulassen und den Verlust dessen zu ertragen, was wir lieben, führt zu einer neuen inneren Freiheit, die uns in die Lage versetzt, ohne die Dinge zu leben, die wir bisher für unerlässlich hielten. Diese Freiheit und der Friede, der mit ihr einhergeht, ist der Trost, von dem in dieser Seligpreisung die Rede ist. Wir müssen uns der Trauer stellen und dürfen nicht vor ihr davonlaufen. Wir sollen auch nicht denken, mit uns stimmte etwas nicht, wenn wir manchmal zurückschauen auf etwas, was wir verloren haben, oder wenn wir manchmal einen Rückschlag erleiden und emotionalen Aufruhr erleben. Tatsächlich verlieren wir niemals etwas, das unsere Liebe wirklich verdient. Wir treten nur in eine reifere Beziehung.

»Selig, die keine Gewalt anwenden; denn sie werden das Land erben.« Die Sanftmütigen sind diejenigen, die angesichts von Beleidigung oder Verletzung nicht zornig werden und die damit begonnen haben, ihr Bedürfnis oder ihre Forderung nach Kontrolle über andere Menschen, Ereignisse und sogar ihr eigenes Leben aufzugeben. Wenn sie eine Beleidigung oder Demütigung erleben, empfinden sie das nicht als Machtverlust. Sie sind also weiterhin frei, Liebe zu zeigen. Die Sanftmütigen weigern sich, andere zu verletzen, unabhängig von der Provokation. Sie urteilen nicht. Sie stimmen dem Verhalten oder den Prinzipien eines anderen vielleicht nicht zu, aber sie weigern sich, ein moralisches Urteil über den Betreffenden zu fällen. Ihre Freiheit von dem Energiezentrum der Macht und Kontrolle versetzt sie vielmehr in die Lage, Mitgefühl mit all jenen zu empfinden, die noch in der Zwangsjacke von Machtgelüsten gefangen sind, die niemals Ruhe geben und niemals erfüllt werden können.

Die Lehre Gandhis, der die *Ahimsa*, die Praxis der Gewaltlosigkeit predigte, deutet auf ein neues Bewusstsein hin, indem es nicht mehr darum geht, Auge um Auge und Zahn um Zahn aufzurechnen, sondern um die Liebe. *Ahimsa* ist keine passive Haltung, sondern eine Haltung, die aktiv Liebe zeigt, egal, was passiert. Diese Liebe ist so zart und sicher, dass sie sich sogar weigert, die Verletzlichkeit eines Verfolgers auszunutzen.

Die Sanftmut, von der in dieser Seligpreisung die Rede ist, verhält sich nicht passiv, sondern ist die feste Entschlossenheit, weiterzulieben, egal, was ein anderer Mensch uns antut. Sie glaubt, dass die Liebe die wahre Natur des Menschen ist. Dieses Verhalten untergräbt die Gewalt an ihrer Wurzel. Denn Gewalt zeugt wieder Gewalt. Wenn Menschen sich angegriffen fühlen, verteidigen sie sich. Diese Spirale der Gewalt hat kein Ende, wenn die Menschen sich nicht irgendwann weigern, zu reagieren. Die Entschlossenheit, weiterzulieben auch im Angesicht heftigster Provokation, ist die einzige Art, wie Frieden in Familien, Gemeinschaften und Nationen einkehren kann. Sie setzt die innere Freiheit voraus, zu der das Evangelium uns einlädt.

Reichweite

> *Dann kam er nach Jericho und ging durch die Stadt. Dort wohnte ein Mann namens Zachäus; er war der oberste Zollpächter und war sehr reich. Er wollte gern sehen, wer dieser Jesus sei, doch die Menschenmenge versperrte ihm die Sicht; denn er war klein. Darum lief er voraus und stieg auf einen Maulbeerfeigenbaum, um Jesus zu sehen, der dort vorbeikommen musste.*

Als Jesus an die Stelle kam, schaute er hinauf und sagte zu ihm: Zachäus, komm schnell herunter! Denn ich muss heute in deinem Haus zu Gast sein. Da stieg er schnell herunter und nahm Jesus freudig bei sich auf. Als die Leute das sahen, empörten sie sich und sagten: Er ist bei einem Sünder eingekehrt. Zachäus aber wandte sich an den Herrn und sagte: Herr, die Hälfte meines Vermögens will ich den Armen geben, und wenn ich von jemand zu viel gefordert habe, gebe ich ihm das Vierfache zurück. Da sagte Jesus zu ihm: Heute ist diesem Haus das Heil geschenkt worden, weil auch dieser Mann ein Sohn Abrahams ist. Denn der Menschensohn ist gekommen, um zu suchen und zu retten, was verloren ist. (Lk 19,1–10)

Die Zachäus-Geschichte ist ein praktisches Beispiel für gleich zwei Seligpreisungen. »Selig sind, die hungern und dürsten nach der Gerechtigkeit; denn sie werden satt werden.« Das bezieht sich auf ein Leben ohne die Tyrannei des falschen Selbst. Es ruft die Befreiung von den emotionalen Programmierungen der frühen Kindheit aus, deren Kraft und Wirkung durch die Übung des kontemplativen Gebets abgemildert worden sind.

Die Früchte dieser Übung zeigen sich in der Entschlossenheit, das zu üben, was typisch ist für diese Ebene des menschlichen Bewusstseins, nämlich die Liebe. Göttliche Liebe ist nicht nur ein Gefühl, sie manifestiert sich durch Taten.

Das erste Sakrament des Christentums ist Jesus selbst. Ein Sakrament ist das sichtbare Zeichen der unsichtbaren Gnade; es übermittelt, was es zeigt. Jesus übermittelte genau das, was er zeigte: göttliche Liebe – durch seine Lehre und sein Beispiel. Er zeigte, wie die göttliche Natur funktioniert. Er enthüllte uns, dass das innere Leben Gottes reines Geschenk ist: Hingabe, die dazu neigt, sich selbst wegzuwerfen. Die Demut Gottes zeigt sich darin, dass er aufhört,

Gott zu sein. Innerhalb der Dreieinigkeit gibt es eine vollkommene Entäußerung des Vaters in den Sohn und des Sohnes in den Vater. Was sie miteinander verbindet, ist der Geist, die gegenseitige Liebe von Vater und Sohn. Jeder Teil der Dreieinigkeit lebt mehr im anderen als in sich selbst. Das ist gemeint, wenn wir von »Drei-Einigkeit« sprechen: eine göttliche Natur in drei verschiedenen Beziehungen. Beziehung ist die einzige Unterscheidung in Gott, aber sie ist unendlich. Deshalb gibt es innerhalb der Dreieinigkeit unendliche Einheit und unendliche Verschiedenheit – weil jeder Teil eine besondere Beziehung zur göttlichen Natur besitzt. Jesus manifestiert diese Einheit, so weit sie sich in einem Menschen manifestieren kann.

Das größte Sakrament nach Jesus ist der andere Mensch. Wir sind nach dem Bilde Gottes erschaffen. Und mehr noch: Diejenigen, die durch Glauben und Taufe in den Leib Christi aufgenommen worden sind, wachsen zu einer gemeinsamen Person zusammen in der Fülle Christi. Paulus spricht hier von dem Geheimnis, das seit Anbeginn der Welt verborgen war und jetzt in Jesus Christus enthüllt wurde. Der Hunger und Durst nach der Gerechtigkeit manifestiert göttliche Liebe unter allen Umständen. Dazu sind die Menschen erschaffen. Das ist unsere Natur. Alles andere ist unnatürlich, jede andere Haltung ist unnormal.

Die nächste Seligpreisung lautet: »Selig die Barmherzigen; denn sie werden Erbarmen finden.« Sie beschreibt das Ergebnis des Weges über die Selbstsucht hinaus in die sich selbst vollkommen verschenkende Liebe. Es handelt sich um die Nachahmung Christi und die Erfüllung des neuen Gebots: Liebt einander, wie ich euch geliebt habe. Das heißt aber, Menschen nicht nur in ihrer verborgenen Schönheit als Glieder am Leib Christi zu lieben, sondern ganz konkret und in ihrer Individualität. In den Merkmalen ihrer Persönlichkeit, in ihren Abneigungen und Meinungen, die wir vielleicht irritierend oder unerträglich finden. Selbst angesichts Verfolgung und Verletzung – wer die innere Freiheit dieser Seligpreisung besitzt, kann auch dann noch weiterlieben.

Wie zeigen wir Liebe in dieser konkreten Form? Wie bauen wir eine Gesellschaft auf, wenn wir mit unseren eigenen Problemen so viel zu tun haben, dass uns kaum Zeit und Mittel für unsere eigene Familie, unser Geschäft oder unser geistliches Leben bleiben? Das Bewusstsein für die Ungerechtigkeit dieser Welt wächst, und immer drängender stellt sich die Frage nach der persönlichen Verantwortung. Die westlichen Industriestaaten verbrauchen den größten Teil der Ressourcen, während der Rest der Welt gerade genug hat, um mit Mühe zu existieren. Als Individuen fühlen wir uns von der Ungerechtigkeit der Welt womöglich überwältigt. Wir sind uns schmerzlich der Tatsache bewusst, dass die Gier der Menschen der Grund für den Hunger ist.

Wir erkennen, dass niemand auch nur einen Tag lang Hunger leiden müsste, wenn die weltweite Gemeinschaft richtig geordnet wäre und wenn wir die Technologien gerecht teilen würden. Wir fragen uns, was es heißt, Liebe zu zeigen, wenn wir nicht einmal wissen, wie wir uns zusammentun sollen, um Regierungen, Institutionen und Wirtschaftssysteme zu verändern, die kein Interesse an der gleichmäßigen Verteilung der Güter haben. Unsere Frustration steigt, weil wir das Gefühl haben, überhaupt keine Veränderungen zustande zu bringen.

Robert L. Kinast, der Autor des Buches *Caring for Society* (1985), erzählt die Geschichte eines jungen Paares, das einen Cateringservice betreibt. Im Zusammenhang mit ihrer ehrenamtlichen Tätigkeit in einem Gefängnis hören sie von einem Insassen, der bald entlassen werden soll und Arbeit sucht. Sie besprechen die Sache und entschließen sich, ihm einen Job in ihrer Firma anzubieten. Sie sind sich nicht sicher, ob es funktionieren wird, aber sie wollen ihm eine

Chance bieten, und so stellen sie ihn als Fahrer an. Als bekannt wird, dass es sich bei dem Fahrer um einen ehemaligen Häftling handelt, springen einige Kunden ab. Das Paar verliert Geld und muss den Betrieb schließen. Statt den Angestellten zu entlassen, gründen sie einen neuen Cateringservice gemeinsam mit ihm. Die neue Firma ist erfolgreicher als die alte.

Barmherzigkeit ist wirklich die beste Investition, die man tätigen kann. Fehlschläge und Verluste können Gottes Art sein, uns in eine noch bessere Lage zu bringen.

Zachäus war ein Repräsentant der verachtetsten Berufsgruppe: der Steuereintreiber, die allgemein als die schlimmsten Sünder angesehen wurden. Als Jesus nach Jericho kam, kletterte der kleine Mann auf einen Maulbeerbaum, um ihn besser sehen zu können. Jesus blickte auf zu Zachäus und sagte zu ihm: »Ich will heute bei dir Gast sein.« Zachäus freute sich sehr, kletterte vom Baum hinunter und begrüßte Jesus in seinem Haus. Er bereitete ein großes Festessen vor, lud alle seine schlecht beleumundeten Freunde ein und feierte eine Party.

Nach ein paar Bechern Wein richtete sich der kleine Mann, der sich so sehr freute, Jesus in seinem Haus zu haben, auf und kündigte an: »Ich werden die Hälfte meines Vermögens den Armen geben. Wenn ich jemanden um sein Geld betrogen habe, werde ich es vierfach zurückbezahlen.« Er gestand also freimütig den unethischen Charakter zumindest eines Teils seines finanziellen Erfolgs ein. Jesus erwiderte: »Heute ist diesem Haus Erlösung widerfahren.« Weil Zachäus Jesus in seinem Haus empfangen hatte und nicht nur zugesehen hatte, wie er vorbeiging, hatte er sich verändert. Durch die Gabe der Gastfreundschaft war seinem Haus Erlösung widerfahren.

Genauso erging es auch dem Paar in unserer Geschichte. Sie hätten auch zusehen können, wie andere Leute eine Arbeit für den entlassenen Häftling suchten. Aber sie hörten die Frage Jesu, der vorbeiging: »Willst du mich in dein Haus einladen?« Und sie luden ihn ein.

Die innere Bewegung, einem Menschen in Not die Hand hinzustrecken, ist eine Inspiration des Heiligen Geistes. Um darauf zu antworten, müssen wir den ersten Schritt tun und Liebe zeigen – auf eine kleine, aber praktische, ganz konkrete Weise. Wenn wir nach Heiligkeit hungern und dürsten, werden sich die Gelegenheiten zur Ausübung dieser Seligpreisung vermehren.

Jesu Treffen mit Zachäus hat eine Bedeutung, die man auch in einer Weisheitslehre zusammenfassen könnte: »Wenn du Liebe praktizieren willst, beobachte die Gelegenheiten unmittelbar vor deiner Nase.«

Ein höheres Glück

> *Selig, die hungern und dürsten nach der Gerechtigkeit; denn sie werden satt werden. Selig die Barmherzigen; denn sie werden Erbarmen finden. Selig, die ein reines Herz haben; denn sie werden Gott schauen. Selig, die Frieden stiften; denn sie werden Söhne Gottes genannt werden. (Mt 5,6–9)*

Die Gelegenheiten, den Hunger nach Heiligkeit zu stillen, liegen unmittelbar vor uns, wenn wir sensibel auf die Nöte anderer Menschen achten. Immer wieder sind wir aufgefordert, jemandem Hilfe zu leisten, auch wenn es uns einiges kostet. Diese Aufforderungen entsprechen unserem Stand im Leben, aber gleichzeitig fordern sie uns heraus, über unsere Routine und unsere Vorstellungen hinauszugehen und uns jemandem zuzuwenden, der besondere Unterstützung braucht. Dies ist die Inspiration, die zur Seligpreisung der Barmherzigen führt, was nichts anderes heißt, als dass dadurch unsere kontemplative Vision in die Praxis umgesetzt wird.

Der Dialog zwischen unserer kontemplativen Vision und ihrer Inkarnation ist das Thema der nächsten Seligpreisung: »Selig, die ein reines Herz haben; denn sie werden Gott schauen.« Die Einfältigen sehen Gott in sich selbst, in anderen und in den ganz gewöhnlichen Ereignissen des Lebens. Jesus sagt: »Der Sohn kann nichts von sich aus tun, sondern nur, wenn er den Vater etwas tun sieht.« (Joh 5,19) Er hält den Blick also immer auf den Vater gerichtet. Jesus tut nichts anderes, als dass er seine Schau des Vaters in sein tägliches Leben und Lehren übersetzt, letztlich in seine Passion und seinen Tod am Kreuz. Dies ist ein wichtiger Punkt für unsere Praxis. Das kontemplative Gebet ist der Treffpunkt zwischen der kreativen Vision der Verwandlung und der tatsächlichen, täglichen Inkarnation dieser Vision. Unsere Praxis ist die Umsetzung der kreativen Vision in die konkreten Umstände jedes einzelnen Tages.

Es muss immer wieder betont werden, dass unser Alltag die fundamentale Praxis ist. Deshalb ist die Inkarnation unserer Vision – also unser Leben – von höchster Bedeutung. Wenn wir für das tägliche Zusammentreffen mit Gott im kontemplativen Gebet nicht verfügbar sind, dann wird sich der dynamische Dialog zwischen kreativer Vision und praktischer Inkarnation in unserem Leben nicht ereignen. Jedenfalls wird er nicht das intime Unterscheidungserlebnis des kontemplativen Gebets durchdringen. Indem wir unsere Aktivität und unsere Vision in einem lebendigen Dialog zusammenbringen, erfahren wir die richtige Art, dieser Vision *heute* Ausdruck zu verleihen. Vielleicht ist es morgen wieder etwas anders. Unsere Antwort auf Christus ist nicht statisch, sie verfügt nicht ständig über die gleichen Ausdrucksweisen und Werkzeuge. Unsere Praxis muss sich anpassen, wenn wir die aufwärts gerichtete Spirale der Seligpreisungen hinaufsteigen. Der Adler fliegt im Kreis auf dem Weg zur Sonne. Dieselbe Bewegung findet sich auch in den Seligpreisungen. Wir kreisen um die kreative Vision und sehen unterschiedliche Aspekte, und unser Verständnis wächst. Dadurch kreisen wir nicht nur auf horizontaler Ebene, sondern erleben die Wirklichkeit auch auf einer vertikalen Achse, aus einer ständig steigenden Perspektive.

Wer nur die kontemplative Schau betont, läuft Gefahr, in seiner geistlichen Entwicklung stehen zu bleiben. Wer nur die Inkarnation betont, läuft Gefahr, irgendwann zu vertrocknen oder die Vision selbst zu verlieren. Deshalb ist es wichtig, beide Aspekte jeden Tag einander gegenüberzustellen und im Dialog zu halten. Jeder Tag bringt uns eine neue Entfaltung unseres Lebens in Christus. Ständig kommen Überraschungen auf uns zu. Gott behält sich das Recht vor, von einem Moment zum anderen in unser Leben einzugreifen, es manchmal einfach auf den Kopf zu stellen. Wir müssen also flexibel und anpassungsfähig bleiben, bereit, unsere Pläne zu zerreißen und in den Papierkorb zu werfen, weil Gott es so will. Deshalb sind sowohl die kontemplative Schau als auch ihre Inkarnation so wichtig, und der Ort, wo sie sich treffen, ist das kontemplative Gebet. Das ist der Schlüssel zur Bewahrung und zum Wachstum der kontemplativen Schau wie auch ihrer angemessenen Inkarnation an jedem einzelnen Tag. So gelangen wir zur Reinheit des Herzens, zur Freiheit vom falschen Selbst und damit zu der Freiheit, Gott zur Verfügung zu stehen – und den Menschen, denen wir dienen.

Die Seligpreisung der Friedensstifter zeigt den Friedensstifter als einen Menschen, der Frieden in sich selbst errichtet hat. Frieden ist nicht nur eine naive Schlichtheit, sondern eine perfekte Harmonie von ungeheurer Komplexität. Es ist die heikle Balance zwischen allen Fähigkeiten der menschlichen Natur, die vollkommen Gottes Willen unterworfen ist und durch die göttliche Liebe in ein fein gestimmtes Instrument verwandelt wird.

Friedensstiftung ist der ganz normale Überfluss der Verwurzelung in Christus. Friedensstifter sind diejenigen, die die Zusicherung besitzen, Gottes Kinder zu heißen. Auf eine Weise verkörpern sie Gottes Handeln in der Welt. Sie gießen das Sein in die Welt, das sie von Gott geschenkt bekommen haben: ihren Anteil an seiner göttlichen Natur.

Heute scheint Gott uns mehr und mehr dazu zu drängen, uns mit globalen Problemen zu befassen und an der Verwandlung der Gesellschaft mitzuwirken, wobei wir natürlich mit dem Naheliegendsten beginnen. Eine kreative Vision setzt enorme Mengen an Energie frei und kann die Gesellschaft über unsere kühnsten Träume hinaus verändern. Die göttliche Vollmacht findet sich in ganz besonderer Weise in denjenigen, die auf der Leiter der Seligpreisungen hinaufsteigen, mehr als irgendwo sonst in der Schöpfung. Die Kraft der Gestirne ist nichts verglichen mit der Energie eines Menschen, dessen Wille vom falschen Selbst befreit ist und der deshalb in der Lage ist, den Kosmos gemeinsam mit Gott zu erschaffen. Gottes oberste Priorität ist eine Welt, in der die Güter der Erde gleichmäßig verteilt sind, in der niemand vergessen oder ausgelassen wird und in der niemand zur Ruhe kommt, solange nicht alle zu essen haben, die Unterdrückten befreit sind und Gerechtigkeit und Friede zwischen den Völkern und Religionen zur Norm geworden sind. Bis es so weit ist, bleibt selbst die Freude an der transformierenden Einheit unvollkommen. Die Verpflichtung auf die spirituelle Reise ist keine Verpflichtung zur reinen Freude, sondern zur Übernahme von Verantwortung für die gesamte Menschheit, ihre Nöte und ihr Schicksal. Wir gehören uns nicht selbst, wir gehören allen anderen.

Die letzte und größte Seligpreisung

Euch, die ihr mir zuhört, sage ich: Liebt eure Feinde; tut denen Gutes, die euch hassen. Segnet die, die euch verfluchen; betet für die, die euch misshandeln. Dem, der dich auf die eine Wange schlägt, halt auch die andere hin, und dem, der dir den

Mantel wegnimmt, lass auch das Hemd. Gib jedem, der dich bittet; und wenn dir jemand etwas wegnimmt, verlang es nicht zurück. Was ihr von anderen erwartet, das tut ebenso auch ihnen. Wenn ihr nur die liebt, die euch lieben, welchen Dank erwartet ihr dafür? Auch die Sünder lieben die, von denen sie geliebt werden. Und wenn ihr nur denen Gutes tut, die euch Gutes tun, welchen Dank erwartet ihr dafür? Das tun auch die Sünder. Und wenn ihr nur denen etwas leiht, von denen ihr es zurückzubekommen hofft, welchen Dank erwartet ihr dafür? Auch die Sünder leihen Sündern in der Hoffnung, alles zurückzubekommen. Ihr aber sollt eure Feinde lieben und sollt Gutes tun und leihen, auch wo ihr nichts dafür erhoffen könnt. Dann wird euer Lohn groß sein und ihr werdet Söhne des Höchsten sein; denn auch er ist gütig gegen die Undankbaren und Bösen. Seid barmherzig, wie es auch euer Vater ist! Richtet nicht, dann werdet auch ihr nicht gerichtet werden. Verurteilt nicht, dann werdet auch ihr nicht verurteilt werden. Erlasst einander die Schuld, dann wird auch euch die Schuld erlassen werden. Gebt, dann wird auch euch gegeben werden. In reichem, vollem, gehäuftem, überfließendem Maß wird man euch beschenken; denn nach dem Maß, mit dem ihr messt und zuteilt, wird auch euch zugeteilt werden. (Lk 6,27–38)

Demut ist eine Haltung der Ehrlichkeit allem gegenüber: Gott, uns selbst, anderen Menschen und der gesamten Wirklichkeit gegenüber. Gott ist selbstlose Liebe, die sich verschenkt bis hin zur Selbstentäußerung, ohne Gott sein zu wollen. Es ist eine große Gabe, von den materiellen Gütern dieser Welt unabhängig zu sein; es ist eine noch größere Gabe, von allen spirituellen Gütern unabhängig zu sein. So verhält sich Gott uns gegenüber: ohne Interesse an seiner eigenen Majestät oder Transzendenz, mit dem Bestreben, *niemand* zu sein.

Was ihm natürlich nicht gelingt. Es muss Spaß machen, nichts zu sein, wenn man alles ist. Auf jeden Fall scheint Gottes Güte und Mitgefühl eine Haltung zu sein, in der es darum geht, alles zu verschenken, was er hat und ist.

Dies ist die Haltung, zu deren Nachahmung uns Jesus auf dem Berg in seiner scheinbar ganz entspannten Predigt einlädt. Er drängt uns zu der Freiheit, keine besitzergreifende Haltung einzunehmen, nichts und niemandem gegenüber, nicht einmal uns selbst. Zu sein, ohne irgendetwas Besonderes sein zu wollen, und eins zu sein mit allem, was ist, in einer alles einschließenden Haltung der Zugehörigkeit und des Teilens. Eines der Beispiele für diese Haltung ist das Ausleihen ohne Hoffnung auf Rückerstattung. Aus dem Blickwinkel der Seligpreisungen leiht man es ohnehin nur sich selbst. Auch hier gibt es kein Urteil über andere, denn das wäre ein Urteil über uns selbst. Diese Haltung, alles wegzugeben – Zeit, Energie, Raum, Tugend, Spiritualität und schließlich uns selbst –, ist tatsächlich gar kein Weggeben, denn letzten Endes verschenken wir alles, was wir weggeben, an uns selbst. Die Geste der offenen Hände ist beim Geben dieselbe wie beim Empfangen.

Diese Entäußerung unserer selbst zugunsten anderer ist eine Fortführung derselben Entleerung – *Kenosis* –, die in der Dreieinigkeit vor sich geht: Der Vater verschenkt (oder verschwendet) sich an den Sohn und umgekehrt, und jeder erhält alles wieder durch die Person der unendlichen Liebe, den Heiligen Geist. Wer diese Liebe zeigt, gibt alles weg und empfängt alles wieder, immer wieder, aber jedes Mal auf umfassendere Weise. Dieselbe Liebe, die wir verschenken, kommt immer wieder zurück, »in reichem, vollem, gehäuftem, überfließendem Maß« (Lk 6,38). In demselben Maße, in dem die Liebe von uns ausgeht, kehrt sie in unseren Schoß zurück. Diese mitfühlende, urteilslose, selbstlose Liebe ist die Quelle allen Seins. Und die letzte und größte Seligpreisung gilt denen, die darin aufgehen.

Die Gleichnisse

»Es ist eine Sache, anderen Schlüsse und Ermahnungen zukommen zu lassen, die auf der eigenen tiefen spirituellen Erfahrung basieren ... Es ist aber etwas ganz anderes, diese Erfahrung selbst mitzuteilen, oder besser: Menschen dabei zu helfen, zu ihrer eigenen letzten Begegnung zu finden. Genau das versuchen die Gleichnisse Jesu: Sie wollen anderen Menschen eine eigene Erfahrung des Reichs Gottes ermöglichen und sie dazu befähigen, aus dieser Erfahrung heraus ihr eigenes Leben zu gestalten.« (John Crossan: *In Parables*, S. 52)

Das Reich Gottes

Und Jesus erzählte ihnen noch ein anderes Gleichnis: Mit dem Himmelreich ist es wie mit einem Mann, der guten Samen auf seinen Acker säte. Während nun die Leute schliefen, kam sein Feind, säte Unkraut unter den Weizen und ging wieder weg. Als die Saat aufging und sich die Ähren bildeten, kam auch das Unkraut zum Vorschein. Da gingen die Knechte zu dem Gutsherrn und sagten: Herr, hast du nicht guten Samen auf deinen Acker gesät? Woher kommt dann das Unkraut? Er antwortete: Das hat ein Feind von mir getan. Da sagten die Knechte zu ihm: Sollen wir gehen und es ausreißen? Er entgegnete: Nein, sonst reißt ihr zusammen mit dem Unkraut auch den Weizen aus. Lasst beides wachsen bis zur Ernte. Wenn dann die Zeit der Ernte da ist, werde ich den Arbeitern sagen: Sammelt zuerst das Unkraut und bindet es in Bündel, um es zu verbrennen; den Weizen aber bringt in meine Scheune.

Er erzählte ihnen ein weiteres Gleichnis und sagte: Mit dem Himmelreich ist es wie mit einem Senfkorn, das ein Mann auf seinen Acker säte. Es ist das kleinste von allen Samenkörnern; sobald es aber hochgewachsen ist, ist es größer als die anderen Gewächse und wird zu einem Baum, sodass die Vögel des Himmels kommen und in seinen Zweigen nisten.

Und er erzählte ihnen noch ein Gleichnis: Mit dem Himmelreich ist es wie mit dem Sauerteig, den eine Frau unter einen großen Trog Mehl mischte, bis das Ganze durchsäuert war. (Mt 13,24–35)

Die Gleichnisse zeigen uns Jesus als einen Weisheitslehrer von außerordentlichen Fähigkeiten. Um seine Lehren zu verstehen, müssen wir zunächst einmal begreifen, was er mit dem Himmelreich, dem Reich Gottes meinte. Das Himmelreich ist weder ein Ort noch eine Regierungsform oder auch nur die Herrschaft Gottes über unser Handeln und unser Innenleben. Es ist keine Organisation, in die wir hineinpassen sollen. Normalerweise kündigt es sich durch ein Ereignis oder eine Folge von Ereignissen an, die unser Leben verändern. Viele Gleichnisse beschreiben Situationen, in denen das Leben eines Menschen plötzlich auf den Kopf gestellt wird. In diesen Gleichnissen scheint Jesus zu sagen, dass das Reich Gottes sich durch dieses Eindringen in unser Leben manifestiert. Damit wir zulassen können, dass unser Leben auf den Kopf gestellt wird, brauchen wir eine tiefgreifende Veränderung. Und eine solche Veränderung setzt eine gewisse Entzauberung dessen voraus, was wir bis dahin als Glück angesehen haben.

Die Gleichnisse richteten sich an Menschen, die gerade dabei waren, sich aus ihren egoistischen Glücksprogrammen zu befreien und zu begreifen, dass es eine Alternative gibt. Es ist nicht leicht, alles loszulassen, was wir im Interesse unseres Glücks für unabdingbar halten, selbst wenn es darum geht, am Reich Gottes teilzuhaben.

Am Anfang unserer Bekehrung erleben die meisten von uns den Drang, tiefer in das Reich Gottes einzudringen und die Fähigkeit zu entwickeln, es in unserem täglichen Leben zu finden. Gleichzeitig hängen wir aber an unseren emotionalen Routinen, Fixierungen, Sichtweisen und Kommentaren über Menschen und Ereignisse, die uns auf die Nerven gehen. Diese drei Gleichnisse machen denen Mut, die am Anfang des Weges stehen oder ihre Mühe damit haben.

Das Reich Gottes ist nicht so sehr das, was wir unter der Inspiration Gottes tun, sondern Gottes Handeln in uns, mit oder ohne unsere Mitwirkung. Nach der Aussage vieler Gleichnisse zu urteilen, ist das Reich Gottes oft eher ein Störfaktor. Eines Tages erzählte Jesus ein Gleichnis über einen Tagelöhner, der ein Feld umgrub und einen verborgenen Schatz darin fand. (Mt 13,44) Nachdem während der ganzen historischen Zeit vor den Evangelien ständig irgendwelche Armeen das Heilige Land durchzogen, versteckten die Menschen ihre Wertgegenstände oft auf den Feldern, in der Hoffnung, irgendwann zurückzukommen und sie wieder auszugraben. Es war also nicht ungewöhnlich, dass man auf einem Feld einen verborgenen Schatz fand. Das Gleichnis schließt: »Sofort ging er hin und verkaufte alles, was er hatte, und kaufte das Feld.« Vermutlich hat er sich dann irgendwo ein Landhaus gebaut. Der Glücksfall veränderte sein Leben, und er musste nicht mehr als Tagelöhner arbeiten.

In einem anderen Gleichnis erzählt Jesus von einem Mann, der ein Juweliergeschäft hatte. Er fand eines Tages eine kostbare Perle, also verkaufte er alles, was er hatte, und kaufte die Perle. (Mt 13,45) Der Kauf veränderte sein Leben in ähnlicher Weise, wie ein Lottogewinn heutzutage in das Leben eines Menschen eingreifen kann. Das Reich Gottes durchbricht unser gewöhnliches Tun, unser geschäftliches oder familiäres Leben und verändert alles. Was wir mit diesem Eindringen tun, bestimmt, ob wir zum Reich Gottes gehören werden oder nicht. Die Bereitschaft, Gott in unser Leben eindringen zu lassen, unsere Pläne zu zerreißen und in den Papierkorb zu werfen, ist jedenfalls schon mal ein guter Anfang.

Diese zwei Gleichnisse betonen die Tatsache, dass das Reich Gottes sich in dem Geschehen selbst manifestiert. Es ist nicht gleichbedeutend mit dem, was geschieht. Es ist die Tatsache, dass Gott zu jeder beliebigen Zeit in unser Leben eindringt und die Dinge verschiebt und dass wir diesen Vorgang zulassen. Sobald wir nämlich die kostbare Perle oder den Schatz im Acker gefunden haben, entsteht ein Konflikt zwischen unserem Begehren, uns dem ständigen Eindringen Gottes zu öffnen, und unserem gewohnten Unwillen, etwas zu verändern oder uns womöglich verändern zu lassen. Was machen wir damit? Die drei Gleichnisse in dem vorliegenden Text bieten uns Einsicht und Ermutigung an.

Ein offensichtlich wohlhabender Grundbesitzer sät Weizen auf seinem Feld. Kurz darauf geht Unkraut auf. Und es handelt sich nicht um irgendein Unkraut, sondern um Taumel-Lolch, ein giftiges Süßgras, das dem Weizen zum Verwechseln ähnlich sieht. Die eifrigen Knechte fragen den Grundbesitzer, wie das Unglück entstehen konnte. Er sagt ihnen: »Das hat ein Feind getan.« Sie fragen ihn, ob sie das Unkraut herausreißen sollen. »Nein«, antwortet er, »lasst es wachsen bis zur Zeit der Ernte. Dann werden wir ernten und Weizen und Gras voneinander trennen. Wenn wir jetzt das Unkraut herausreißen, verlieren wir auch Weizen.«

Dieses Gleichnis ist eine Warnung an übereifrige Reformer, nicht zu rasch vorzugehen, um nicht das Gute zu zerstören, selbst wenn es mit einer Menge schlechter Dinge vermischt ist. In allen Dingen gibt es stets eine Mischung aus Gutem und Bösen, und das wird so bleiben bis ans Ende der Zeit. Das Gleichnis erinnert uns daran, dass wir mit dem Bösen in uns Geduld haben müssen und eine freundliche Haltung zu unseren Schwächen einnehmen sollen. Wir spüren die Anziehungskraft der Gnade, uns zu einer immer tieferen spirituellen Verpflichtung auf Gott hin zu bewegen, aber unsere guten Vorsätze scheinen manchmal so schwächlich, dass wir befürchten müssen, sie zu verlieren.

Jesus jedoch sagt: »Macht euch keine Sorgen.« Gott erwartet geradezu, dass wir Verwirrung und Schwäche erleben. Manchmal sind wir vielleicht gar nicht in der Lage, zu unterscheiden, woher unsere Haltungen und Handlungen kommen, aber das Gleichnis sagt uns, dass der Weizen stärker ist als das Unkraut und irgendwann den Sieg davonträgt. Irgendwann auf unserer spirituellen Reise werden wir bereit sein, den Weizen vom Unkraut zu trennen. Gott rät uns, dem Getreide Zeit zu geben, um zu reifen, und die Ernte ihm zu überlassen.

Das Gleichnis vom Senfkorn legt eine positive Sicht des Konflikts nahe. Das Senfkorn ist eines der kleinsten und unbedeutendsten aller Samenkörner, aber wenn man es in die Erde legt und ihm gestattet, bis zur Reife zu wachsen, dann verwandelt es sich in einen der größten Büsche. Die Vögel kommen und bauen ihre Nester darin. Die Botschaft lautet hier: Das Reich Gottes ist, genau wie das keimende Senfkorn, unglaublich kräftig, obwohl sich seine Energie unserer Verfügungsgewalt entzieht. Obwohl es uns unbedeutend erscheint und wir fast überwältigt sind von der Dichte des Unkrauts, sollen wir uns nicht fürchten. Mit der Zeit wird die Saat wachsen, trotz aller Schwierigkeiten, die sie anscheinend überwältigen.

Das dritte Gleichnis erzählt vom Sauerteig. Sauerteig ist ein lebendiger Organismus und braucht Wasser, um aktiv zu werden. Das aktivierende Prinzip im Zusammenhang mit dem Reich Gottes ist der Glaube. Das göttliche Handeln ist unserer Seele zunächst noch verborgen, so wie wir auch den Sauerteig zunächst nicht erkennen können. Aber ihre innewohnende Kraft bringt, einmal aktiviert, den Teig zum Steigen. Ebenso hat auch das Reich Gottes, aktiviert durch den Glauben, die Kraft der Verwandlung: Es verwandelt uns in etwas ganz Neues.

Jesus legt uns die Prinzipien vor, lädt uns ein, gibt Ermutigung und appelliert schließlich an unsere Freiheit: »Wenn ihr wollt, gehört das Reich Gottes euch. Aber ihr müsst die Verantwortung übernehmen und euch entscheiden. Wenn ihr euch dafür entscheidet, müsst ihr euch keine Sorgen machen. Das Böse in euch wird das Gute, das einmal gesät wurde, nicht überwinden. Irgendwann wird das Leben, das ihr jetzt als so konfliktbeladen erlebt, verwandelt werden, und alles Böse, das euch jetzt belastet, wird verschwinden.«

Die Talente

Es ist wie mit einem Mann, der auf Reisen ging: Er rief seine Diener und vertraute ihnen sein Vermögen an. Dem einen gab er fünf Talente Silbergeld, einem anderen zwei, wieder einem anderen eines, jedem nach seinen Fähigkeiten. Dann reiste er ab. Sofort begann der Diener, der fünf Talente erhalten hatte, mit ihnen zu wirtschaften, und er gewann noch fünf dazu. Ebenso gewann der, der zwei erhalten hatte, noch zwei dazu. Der aber, der das eine Talent erhalten hatte, ging und grub ein Loch in die Erde und versteckte das Geld seines Herrn. Nach langer Zeit kehrte der Herr zurück, um von den Dienern Rechenschaft zu verlangen. Da kam der, der die fünf Talente erhalten hatte, brachte fünf weitere und sagte: Herr, fünf Talente hast du mir gegeben; sieh her, ich habe noch fünf dazugewonnen. Sein Herr sagte zu ihm: Sehr gut, du bist ein tüchtiger und treuer Diener. Du bist im Kleinen ein treuer Verwalter gewesen, ich will dir eine große Aufgabe übertragen. Komm, nimm teil an der Freude deines Herrn! Dann kam der Diener, der zwei Talente erhalten hatte, und sagte: Herr, du hast mir zwei Talente gegeben; sieh her, ich habe noch zwei dazugewonnen. Sein Herr sagte zu ihm: Sehr gut, du bist ein tüchtiger und treuer Diener. Du bist im Kleinen ein treuer Verwalter gewesen, ich will dir eine große Aufgabe übertragen. Komm, nimm teil an der Freude deines Herrn! Zuletzt kam auch der Diener, der das eine Talent erhalten hatte, und sagte: Herr, ich wusste, dass du ein strenger Mann bist; du erntest, wo du nicht gesät hast, und sammelst, wo du nicht ausgestreut hast; weil ich Angst hatte, habe ich dein Geld in der Erde versteckt. Hier hast du es wieder. Sein Herr antwortete ihm: Du bist ein schlechter und fauler Diener! Du hast doch gewusst, dass ich ernte, wo ich nicht gesät habe, und sammle, wo ich nicht ausgestreut habe. Hättest du mein Geld wenigstens auf die Bank gebracht, dann hätte ich es bei meiner Rückkehr mit Zinsen zurückerhalten. Darum nehmt ihm das Talent weg und gebt es dem, der die zehn Talente hat! Denn wer hat, dem wird gegeben, und er wird im Überfluss haben; wer aber nicht hat, dem wird auch noch weggenommen, was er hat. (Mt 25,14–29)

Heutigen Exegeten zufolge stellen die Gleichnisse den authentischsten Teil der Evangelien dar. Ihr Wiederholungscharakter hilft dem Gedächtnis, sie zu behalten und zu erinnern. Fast alle Gleichnisse sind dazu gemacht, die Wertvorstellungen der Zuhörer zu erschüttern und sie einzuladen, über ihre wirklichen Wertvorstellungen nachzudenken.

Im Gleichnis vom Samariter gehen ein Priester und ein Levit an dem Mann vorbei, der von den Räubern zusammengeschlagen und am Straßenrand liegen gelassen wurde. Beide wechseln sogar die Straßenseite, um einen zu engen Kontakt mit ihm zu vermeiden.

Der Samariter kümmert sich um das Opfer, nimmt den Mann mit zu einem Gasthaus, bezahlt sein Essen, verbindet seine Wunden und lässt sogar noch ein bisschen Geld da, damit man sich ordentlich um ihn kümmert, bis der Samariter wiederkommt. In der Vorstellung der Zuhörer waren die Samariter absoluter Abschaum. Das Paradox, dass ausgerechnet ein Samariter das Richtige tut und dass zwei respektable religiöse Gestalten das Falsche tun, zwingt die Zuhörer zum Nachdenken. Die Umkehr ihrer Erwartungen lädt sie ein, ihre eigene Motivation und ihre Wertvorstellungen in Frage zu stellen.

Man könnte ja auch meinen, der Mann, der seine Talente vergrub, sei ein Schlaukopf gewesen. Würden wir nicht dasselbe tun, wenn wir von dem betreffenden Geschäft nichts verstünden? Nehmen wir an, er hätte sein eines Talent investiert und durch eine schlechte Investition verloren. Dann hätte er gar nichts mehr gehabt. Er hat es aber in der Erde versteckt, damit er es seinem Herrn wenigstens unversehrt wiedergeben konnte. Wie er später erklärt: »Ich hatte Angst, dass ich es nicht richtig machen würde, wenn ich dein Geld investierte. Und da ich wusste, dass du ein harter Herr bist, habe ich es in der Erde versteckt, damit ich es dir bei deiner Rückkehr zurückgeben könnte. Hier ist es.«

Und der Herr, statt dankbar zu sein, reißt ihm das Geld aus der Hand und schreit ihn an: »Du elender Nichtsnutz! Geh mir aus den Augen!« Dann gibt er das Geld dem Mann, der bereits zehn Talente besitzt. Und wir fragen uns, womit der andere Knecht so viel Zorn verdient hat. Ist es besser, ein Risiko einzugehen, oder zu beschützen, was wir haben?

Das Evangelium lädt uns zur Heiligkeit und zu höheren Bewusstseinsstufen ein. Diese Einladung birgt ein Risiko; sie fordert von uns, über uns hinauszuwachsen. Sie fordert von uns, dass wir unsere Talente investieren, auch wenn wir das Gefühl haben, sie seien einer bestimmten Situation, einer Arbeit oder einem Dienst nicht angemessen. Das bedeutet: Gott verspricht uns keinen Erfolg, schon gar keinen sofortigen Erfolg, wenn er uns zu einem Dienst ruft.

Das Gleichnis von den Talenten zeigt uns, was geschieht, wenn zwei Menschen Gottes Einladung annehmen. Sie arbeiten schwer und verdoppeln mit Gottes Hilfe ihre Investition. Der Mann, der sein Talent in der Erde versteckt hat, entspricht denjenigen, die sich auf den Status quo zurückziehen, weil sie wissen, was sie daran haben. Sie sind nicht bereit, sich auf die Risiken der spirituellen Reise einzulassen. Sie weigern sich, an dem Potenzial zu arbeiten, das Gott ihnen geschenkt hat, und sabotieren so die Weiterentwicklung der Menschheit. Selbst wenn sie nicht auf einen niedrigeren Bewusstseinsstand zurückfallen, scheitern sie doch an der Weiterentwicklung des menschlichen Bewusstseins auf das Bewusstsein Christi hin.

Der Mann in dem Gleichnis entscheidet sich für die Sicherheit als Glücksprojekt, und indem er das tut, verschließt er sich der Gelegenheit zu weiterem Wachstum. Daher das Urteil: »Nehmt ihm das Talent weg und gebt es denen, die schon fortgeschritten sind.« Dabei ist zu bedenken, dass das Gleichnis von den Talenten Bilder aus der Geschäftswelt verwendet. Alle Gleichnisse basieren auf ganz gewöhnlichen Ereignissen: Die aus dem Geschäftsleben sind für Stadtmenschen gedacht, die aus der Landwirtschaft oder Fischerei für die Leute auf dem Land. Kochen, fegen, Lampen anzünden, nähen, ernten, investieren, zur Bank gehen – all diese alltäglichen Verrichtungen liegen den Gleichnissen zugrunde. Damit ist gesagt: Unser Alltag ist der Ort, an dem das Reich Gottes stattfindet. Wir müssen nicht ins Kloster gehen, in einen Orden eintreten oder zu Eremiten werden. Wir müssen nirgendwohin gehen, denn das Reich Gottes ist direkt vor unseren Augen. Es ist »nahe«! Die Einheit mit Gott ist erreichbar für jeden einzelnen Menschen auf der Erde. Unser Potenzial für die Einheit mit Gott ist das Talent, das nicht in der Erde vergraben werden sollte.

Die Erfahrung von Versuch und Scheitern ist eine Art des Lernens, um egozentrische Glücksprogramme loszulassen und uns der Verwandlung zu überlassen. Die Sünde ist nichts anderes als die Weigerung, uns weiterzuentwickeln. Indem wir uns nur an Überleben und Sicherheit klammern, ziehen wir uns und andere von den Gelegenheiten und dem Abenteuer weg, immer weiter in den Leib Christi hineinzuwachsen.

Ereignisse aus Jesu Verkündigungszeit

Kurz nach Pfingsten feiern wir das historische Leben Jesu im Licht unserer eigenen Erfahrung mit dem Heiligen Geist, der uns das transhistorische Leben Jesu vor Augen stellt. So gesehen, ist die Gnade die Gegenwart und das Tun Christi in unserem heutigen Leben, und die Evangelientexte spiegeln uns diese Gegenwart und das Tun Christi im Leben seiner Jünger.

Petrus in Kafarnaum

> *Sie kamen nach Kafarnaum. Am folgenden Sabbat ging er in die Synagoge und lehrte. ... Sie verließen die Synagoge und gingen zusammen mit Jakobus und Johannes gleich in das Haus des Simon und Andreas. Die Schwiegermutter des Simon lag mit Fieber im Bett. Sie sprachen mit Jesus über sie, und er ging zu ihr, fasste sie an der Hand und richtete sie auf. Da wich das Fieber von ihr und sie sorgte für sie. Am Abend, als die Sonne untergegangen war, brachte man alle Kranken und Besessenen*

zu Jesus. Die ganze Stadt war vor der Haustür versammelt, und er heilte viele, die an allen möglichen Krankheiten litten, und trieb viele Dämonen aus. Und er verbot den Dämonen zu reden; denn sie wussten, wer er war. In aller Frühe, als es noch dunkel war, stand er auf und ging an einen einsamen Ort, um zu beten. Simon und seine Begleiter eilten ihm nach, und als sie ihn fanden, sagten sie zu ihm: Alle suchen dich. Er antwortete: Lasst uns anderswohin gehen, in die benachbarten Dörfer, damit ich auch dort predige; denn dazu bin ich gekommen. Und er zog durch ganz Galiläa, predigte in den Synagogen und trieb die Dämonen aus. (Mk 1,21.29–39)

Die spirituelle Reise ist Gottes Idee, nicht unsere Erfindung. Wir haben uns auch nicht als Kandidaten dafür ausgewählt. Gott hat uns ausgewählt. Natürlich ruft er uns nicht per Telefon an und sagt: »Ich habe eine Reservierung für dich gemacht.« Durch unsere verschiedenen Lebensumstände öffnen und schließen sich Türen. Nicht wir folgen Gott, sondern Gott folgt uns. Wann immer wir uns bemühen, auf Gott zuzugehen, verringern wir lediglich unsere Abwehr gegen seine Annäherung. Gott umgibt uns mit unendlicher Gnade wie Sonnenschein. Aber wir neigen dazu, die Vorhänge geschlossen zu halten und sie nur ganz selten zu öffnen, um einen winzigen Sonnenstrahl hereinzulassen. Wenn wir uns dazu entschließen würden, könnten wir die schweren Vorhänge ganz öffnen und würden feststellen, dass wir im Licht geradezu baden!

Petrus wird uns in den Evangelien als der unzuverlässigste und instabilste aller Nachfolger Jesu vorgestellt. Niemand außer Jesus hätte auch nur daran gedacht, ihn zu einem Apostel zu machen. Petrus wünschte sich alles, was weltliche Menschen sich wünschen, nur eben in den religiösen Kontext übersetzt.

Eines Tages kam Jesus in Petrus' Heimatstadt und ging die Hauptstraße hinunter. Ein Mann wie Petrus musste beeindruckt sein, als Jesus vor seinem Haus stehen blieb und sagte: »Hier bleiben wir.« Aber dann stellte Petrus fest, dass seine Schwiegermutter krank war und an einem Fieber litt. »Mein Gott«, dachte er. »Kann die Frau denn nicht an einem anderen Tag krank werden, muss das ausgerechnet heute sein?«

Jesus bemerkte, dass Petrus sich unwohl fühlte, ging ins obere Stockwerk, nahm die Frau an der Hand und stellte sie auf die Füße. Und sie kam hinunter und kochte ihnen ein Essen, das ein schlagender Erfolg wurde. Alle leuchteten förmlich vor Festfreude, die ganze Stadt kam zu Petrus und brachte Kranke, die geheilt werden sollten. Und Jesus ging hinaus und machte sie alle gesund.

Am Ende gingen alle in bester Stimmung zu Bett. Jesus stand früh am nächsten Morgen auf und schlüpfte aus dem Haus, um allein zu beten. Petrus bemerkte bald, dass er verschwunden war. Die Honoratioren am Ort bemerkten es auch. Sie eilten zu Petrus und sagten: »Was machen wir denn jetzt? Wir können diesen wichtigen Mann doch nicht einfach gehen lassen! Denk doch nur, was es für unsere Stadt bedeuten würde, wenn er hier sein Hauptquartier aufschlagen würde. Er hat vor deinem Haus Wunder getan, er hat deine Schwiegermutter geheilt. Du bist der richtige Mann, du musst losgehen und ihn zurückholen!«

Also ging eine Delegation mit Petrus an der Spitze los, um Jesus zu folgen. Als sie ihn fanden, platzte Petrus heraus: »Alle suchen dich!« Er hätte auch hinzufügen können: »Wenn du zurückkommst, bauen wir dir eine Synagoge und ein Haus! Wir geben Konzessionen aus, und du bekommst einen Anteil an den Einnahmen.«

Jesus erwiderte: »Lass uns anderswo hingehen.« Man beachte das Wort »uns«, also »dich und mich«. Es ist, als würde Jesus sagen: »Es ist mir gleichgültig, was die Leute über mich denken. Nur eins interessiert mich: Was denkst *du* über mich? Bist du bereit, mit mir dahin zu gehen, wo ich will, und nicht dahin, wo du willst?«

Dorthin, wo es tief ist

> *Als Jesus am Ufer des Sees Gennesaret stand, drängte sich das Volk um ihn und wollte das Wort Gottes hören. Da sah er zwei Boote am Ufer liegen. Die Fischer waren ausgestiegen und wuschen ihre Netze. Jesus stieg in das Boot, das dem Simon gehörte, und bat ihn, ein Stück weit vom Land wegzufahren. Dann setzte er sich und lehrte das Volk vom Boot aus. Als er seine Rede beendet hatte, sagte er zu Simon: Fahr hinaus auf den See! Dort werft eure Netze zum Fang aus! Simon antwortete ihm: Meister, wir haben die ganze Nacht gearbeitet und nichts gefangen. Doch wenn du es sagst, werde ich die Netze auswerfen. Das taten sie, und sie fingen eine so große Menge Fische, dass ihre Netze zu reißen drohten. Deshalb winkten sie ihren Gefährten im anderen Boot, sie sollten kommen und ihnen helfen. Sie kamen und gemeinsam füllten sie beide Boote bis zum Rand, sodass sie fast untergingen. Als Simon Petrus das sah, fiel er Jesus zu Füßen und sagte: Herr, geh weg von mir; ich bin ein Sünder. Denn er und alle seine Begleiter waren erstaunt und erschrocken, weil sie so viele Fische gefangen hatten; ebenso ging es Jakobus und Johannes, den Söhnen des Zebedäus, die mit Simon zusammenarbeiteten. Da sagte Jesus zu Simon: Fürchte dich nicht! Von jetzt an wirst du Menschen fangen. Und sie zogen die Boote an Land, ließen alles zurück und folgten ihm nach. (Lk 5,1–11)*

Petrus war nicht bereit, seine Heimatstadt zu verlassen, und ging zu seiner Fischerei zurück. Jesus aber hatte nach wie vor Interesse an ihm. Eines Tages saß Jesus am Ufer des Sees und lehrte eine große

Menschenmenge. Er sah sich um und bemerkte mehrere Boote am Ufer. Er hätte in jedes beliebige Boot steigen können, aber er entschied sich für Petrus' Boot und lehrte von dort aus.

Nachdem er lange zu den Menschen gesprochen hatte, wandte sich Jesus zu Petrus um und sagte: »Fahr dorthin, wo es tief ist, und sag deinen Männern, sie sollen ihre Netze auswerfen.« Das war kein besonders beliebter Vorschlag, die kleine Gruppe von Fischern war die ganze Nacht auf dem See gewesen und hatte nichts gefangen.

Die Fischer nahmen ihre Ruder auf, ruderten in die Mitte des Sees und warfen ihre Netze aus. Plötzlich schwamm ihnen ein Schwarm Fische in die Netze. Das Boot neigte sich zur Seite, und sie mussten ihre Gefährten in einem anderen Boot zur Hilfe rufen. Beide Boote waren so voll mit Fischen, dass sie fast sanken. Als sie endlich ans Ufer kamen und Petrus begriff, was da passiert war, wurden seine Augen immer größer. Er warf sich Jesus zu Füßen und sagte: »Geh weg von meinem Boot, ich bin ein Sünder.« Ein Gefühl der Ehrfurcht hatte ihn ergriffen. Jesus sagte zu ihm: » Fürchte dich nicht. Von jetzt an sollst du Menschen fischen.«

Man beachte, dass Petrus seine Bekehrung erfuhr, als er bei seiner gewöhnlichen Arbeit war. Gott nähert sich uns fast immer dort, wo wir sind: bei unseren aufsässigen Kindern, unserem Ehemann, der zu spät zum Abendessen kommt, bei unerträglichen Verwandten.

Petrus am See Gennesaret

Gleich darauf [Nach der Speisung der Fünftausend] forderte er die Jünger auf, ins Boot zu steigen und an das andere Ufer vorauszufahren. Inzwischen wollte er die Leute nach Hause schicken. Nachdem er sie weggeschickt hatte, stieg er auf einen Berg, um in der Einsamkeit zu beten. Spät am Abend war er immer noch allein auf dem Berg. Das Boot aber war schon viele Sta-

dien vom Land entfernt und wurde von den Wellen hin und her geworfen; denn sie hatten Gegenwind. In der vierten Nachtwache kam Jesus zu ihnen; er ging auf dem See. Als ihn die Jünger über den See kommen sahen, erschraken sie, weil sie meinten, es sei ein Gespenst, und sie schrien vor Angst. Doch Jesus begann mit ihnen zu reden und sagte: Habt Vertrauen, ich bin es; fürchtet euch nicht! Darauf erwiderte ihm Petrus: Herr, wenn du es bist, so befiehl, dass ich auf dem Wasser zu dir komme. Jesus sagte: Komm! Da stieg Petrus aus dem Boot und ging über das Wasser auf Jesus zu. Als er aber sah, wie heftig der Wind war, bekam er Angst und begann unterzugehen. Er schrie: Herr, rette mich! Jesus streckte sofort die Hand aus, ergriff ihn und sagte zu ihm: Du Kleingläubiger, warum hast du gezweifelt? Und als sie ins Boot gestiegen waren, legte sich der Wind. Die Jünger im Boot aber fielen vor Jesus nieder und sagten: Wahrhaftig, du bist Gottes Sohn. (Mt 14,22–33)

Nachdem Jesus die Menge entlassen hatte, ging er fort, um allein zu beten. Ganz auf Gott konzentriert, bemerkte er nicht, dass auf dem See ein Sturm aufgekommen war und dass seine Jünger, die er zur anderen Seite des Sees geschickt hatte, von Wind und Wellen umhergeworfen wurden. Die Jünger ruderten mit aller Kraft, aber sie kamen nicht voran. Jesus ging über das Wasser auf sie zu. Sie hielten ihn für einen Geist! Aber Jesus beruhigte sie: »Fürchtet euch nicht, ich bin es.«

Die Worte »Fürchtet euch nicht« scheinen als eine Art Trompetensignal in Petrus' Ohren gewirkt zu haben. Jedenfalls antwortete er: »Herr, wenn du es bist, sag mir, ich soll über das Wasser zu dir kommen!«

Jesus hätte jetzt sagen können: »Bleib im Boot, wir wollen hier nicht zwei Geister auf dem Wasser haben.« Aber er rief: »Komm!«

Als Petrus nach ein paar Schritten zu sinken begann, streckte Jesus die Hand aus und zog ihn heraus. Sobald sie wieder im Boot waren, sagte Jesus: »Wie klein ist euer Glaube! Warum zweifelt ihr?« Nichts kann uns so sehr helfen wie Demütigung und Scheitern – vor allem, wenn unsere Gefährten auch noch dabei zusehen –, damit wir unseren wahren Motiven ins Gesicht sehen und wichtige Fragen stellen: Warum hast du das getan? Ausgeprägte Bedürfnisse nach Sicherheit und Überleben, Zuneigung und Wertschätzung, Macht und Kontrolle sind überholte Motive, gemessen am Evangelium. Nachdem Petrus aber tief in diese Bedürfnisse verstrickt war, wurde dieser Zwischenfall zu einem ganz entscheidenden Ereignis für ihn. Es forderte ihn heraus, die Richtung zu wechseln, in der er nach dem Glück suchte, nämlich in der Wertschätzung durch andere.

Die Sendung der Zweiundsiebzig

Danach suchte der Herr zweiundsiebzig andere aus und sandte sie zu zweit voraus in alle Städte und Ortschaften, in die er selbst gehen wollte. Er sagte zu ihnen: Die Ernte ist groß, aber es gibt nur wenig Arbeiter. Bittet also den Herrn der Ernte, Arbeiter für seine Ernte auszusenden. Geht! Ich sende euch wie Schafe mitten unter die Wölfe. Nehmt keinen Geldbeutel mit, keine Vorratstasche und keine Schuhe! Grüßt niemand unterwegs! Wenn ihr in ein Haus kommt, so sagt als Erstes: Friede diesem Haus! Und wenn dort ein Mann des Friedens wohnt, wird der Friede, den ihr ihm wünscht, auf ihm ruhen; andernfalls wird er zu euch zurückkehren. Bleibt in diesem Haus, esst und trinkt, was man euch anbietet; denn wer arbeitet, hat ein Recht auf seinen Lohn. Zieht nicht von einem Haus in ein anderes! Wenn ihr in eine Stadt kommt und man euch aufnimmt, so esst, was man euch vorsetzt. Heilt die Kranken, die dort sind, und sagt den Leuten: Das Reich Gottes ist euch nahe.

…

Die Zweiundsiebzig kehrten zurück und berichteten voll Freude: Herr, sogar die Dämonen gehorchen uns, wenn wir deinen Namen aussprechen. Da sagte er zu ihnen: Ich sah den Satan wie einen Blitz vom Himmel fallen. Seht, ich habe euch die Vollmacht gegeben, auf Schlangen und Skorpione zu treten und die ganze Macht des Feindes zu überwinden. Nichts wird euch schaden können. Doch freut euch nicht darüber, dass euch die Geister gehorchen, sondern freut euch darüber, dass eure Namen im Himmel verzeichnet sind. (Lk 10,1–9.17–20)

Der wunderbare Fischzug brachte Petrus und seine Gefährten dazu, alles aufzugeben und Jesus zu folgen. Nun fing Jesus damit an, die Jünger für ihren künftigen Dienst auszubilden. In unserem Text ruft er eine Gruppe von zweiundsiebzig Leuten zusammen, lehrt sie das Reich Gottes zu predigen, und gibt ihnen die Macht, Kranke zu heilen und Dämonen auszutreiben. Die tatsächliche Ausübung dieser Heilungsgaben muss sensationell gewirkt haben. Heilungsgottesdienste in charismatischen Gemeinden ziehen ja auch manchmal Tausende von Menschen an. Oft dauern sie fünf oder sechs Stunden, und manchmal werden Dutzende von Kranken geheilt. Man stelle sich die starken Emotionen und die Begeisterung vor, die sich in einem solchen Gottesdienst aufbauen!

Die Jünger waren mit Sicherheit begeistert, dass sie nach einer kurzen Einführung in das Reich Gottes in der Lage sein sollten, Krankheiten zu heilen und Dämonen auszutreiben. In bester Stimmung kamen sie zurück und breiteten ihre Erfolgsgeschichte vor dem Meister aus: »Die Dämonen gehorchen uns in deinem Namen!« Behutsam dämpfte Jesus ihre Begeisterung mit den Worten: »Es ist gut, Wunder zu tun, aber lasst euch davon nicht zu sehr hinreißen. Wenn ihr wirklich begeistert sein wollt, dann davon, dass eure Namen im Himmel aufgeschrieben sind.« Mit diesen Worten verschob er ihre Begeisterung von der natürlichen Befriedigung des Erfolges auf die wirklichen Grundlagen des apostolischen Dienstes: das Wirken des Heiligen Geistes in uns. Apostolische Tugenden rühren nicht von unseren natürlichen Talenten her, sondern von einem geheimnisvollen Entleerungsprozess, in dem unsere Talente dem Heiligen Geist zur Verfügung gestellt werden und nicht unserem eigenen Stolz.

Die Jünger wussten mit Jesu Bemerkungen nichts anzufangen; sie mussten erst einmal darüber nachdenken. Es ist bemerkenswert, dass Jesus die Männer mit einem so speziellen Auftrag so früh im Laufe ihrer Ausbildung losschickte, kaum dass sie die Fischernetze aus der Hand gelegt hatten. In früheren Zeiten ging man normalerweise davon aus, dass man sich für einen speziellen Dienst über einen langen Zeitraum hinweg vorbereiten musste, dass man sich vielleicht sogar für eine Weile in die Einsamkeit zurückziehen musste. Zumindest schien es notwendig, ein Seminar zu besuchen oder in ein Kloster einzutreten und sich für eine Weile einem strengen Regiment oder einer sehr disziplinierten Lebensweise zu unterwerfen. Eine solche strukturierte Umgebung hat große Vorteile. Viele berühmte Missionare haben sich so auf ihren Dienst vorbereitet.

Aber hier können wir ein Paradox beobachten. So wertvoll diese Herangehensweise an den Dienst auch sein mag, sie entspricht nicht der Art, wie Jesus seine Jünger vorbereitete. Seine Methode entsprach eher der eines Schwimmlehrers, der seine Schüler ins Wasser wirft. Jesus vertraute seinen Jüngern einen Dienst an, auf den sie überhaupt nicht vorbereitet waren – in dem Wissen, dass sie einen Erfolg haben würden, auf den sie ebenso wenig vorbereitet waren.

Heutzutage gibt es ehrenamtliche Dienste, die jahrhundertelang nicht existiert haben: als Begleiter, Gemeindeverwalter, Liturgen, Laienrichter und Sozialarbeiter. Die Menschen, die diesen Dienst tun, müssen oft ohne große Vorbereitung beginnen – oder ganz unvorbereitet. Manchmal fragen wir uns, ob wir eher auf einer angemessenen Vorbereitung bestehen sollten oder mehr Vertrauen in den Weg setzen sollten, den Jesus mit seinen Jüngern ging –: Spring ins Wasser und schau, was passiert! Zumindest bestand keine Gefahr, dass seine Jünger gedacht hätten, ihr Erfolg beruhe auf ihrem Studium der Heiligen Schriften, der Theologie oder einer langwierigen Vorbereitung. Die unerfahrenen Jünger wussten, dass ihr Erfolg nur aus der Vollmacht kommen konnte, die Jesus ihnen gegeben hatte.

Heutzutage gibt es offenbar immer weniger Zeit für eine längere Vorbereitung auf den Dienst. Die Anforderungen sind hoch, die Ernte ist groß, und einige Dienste sind so schwierig, dass es ein Leben lang dauern würde, sich angemessen darauf vorzubereiten. Die einzige Möglichkeit besteht darin, irgendwo anzufangen.

Deshalb macht das Evangelium uns Mut in unseren heutigen Diensten, allerdings mit einer Einschränkung. Es sagt uns: »Erwartet keinen Erfolg!« Die zweiundsiebzig Jünger hatten sofort Erfolg, vielleicht deshalb, weil Jesus ihnen vor Augen führen wollte, wie wenig sie damit umgehen konnten. Bei jedem Dienst wird der Erfolg normalerweise früher oder später von Prüfungen, Enttäuschungen und Fehlschlägen begleitet.

Durch das Auf und Ab des Dienstes reinigt Gott seine Diener. Wie die zweiundsiebzig Jünger wirft er uns vielleicht in einen sehr fordernden Dienst, um uns gleich von Anfang an klarzumachen, dass wir es allein nicht schaffen. Ein besonderer Auftrag ist kein Zeichen unserer besonderen Heiligkeit, er ist eine Aufforderung, heilig zu werden. Der Weg zur Heiligkeit geht über die Erfahrung des

Scheiterns, und das Scheitern steht uns ganz sicher bevor, wenn wir in einen Dienst geschubst werden, ohne angemessen darauf vorbereitet zu sein. *Wären* wir angemessen darauf vorbereitet, dann wäre es sehr viel einfacher für unsere Familien, Freunde, Vorgesetzten und vor allem für unser eigenes Bild von uns selbst. So jedoch ist von vornherein klar, dass sich irgendjemand aufregen wird – und möglicherweise werden wir sehr entmutigt. Wir müssen begreifen, dass wir nur durch die Erfahrung von Scheitern und Demütigung im Dienst wachsen können. Demut versetzt uns in die Lage, unseren Dienst richtig auszufüllen, und Demütigung ist nun einmal der Weg zur Demut.

Um diese Lehre Jesu besser zu verstehen, biete ich die folgenden praktischen Hinweise an: Wenn du herausfinden willst, was für einen schlechten Mönch oder was für eine schlechte Nonne du abgeben würdest, dann geh ins Kloster. Wenn du herausfinden willst, was für ein schlechter Priester du sein würdest, dann lass dich zum Priester weihen. Wenn du feststellen willst, wie schwach du im Meditieren sein würdest, dann fang an zu meditieren. Wenn du feststellen willst, was für ein schlechter Beter du sein würdest, dann versuch es, versuch zu beten. Und wenn du wissen willst, was für ein schlechter Ehemann oder was für eine schlechte Ehefrau du wärest, dann zögere nicht zu heiraten.

Wenn Ehepaare Schwierigkeiten miteinander erleben, glauben sie, mit dem Partner sei etwas nicht in Ordnung. Wenn ein Priester seine Unzulänglichkeiten bemerkt, dann gibt er seinem Bischof die Schuld. Wenn Mönche und Nonnen im Kloster in die dunkle Nacht der Sinne eintreten, dann glauben sie, es läge an ihrer Gemeinschaft. »Wenn die Ordensregel besser beachtet würde, wäre ich auch perfekt«, sagen sie. Oder: »Wenn unsere Oberen vernünftiger wären, dann würde ich längst mit Teresa von Ávila in der siebten Wohnung sitzen.«

Liebe macht uns verletzlich. Die Liebe zu einem anderen Menschen und auch zu Gott schwächt unsere Verteidigungsmechanismen. Sobald wir jemandem vertrauen, müssen wir uns in seiner Gegenwart nicht mehr selbst schützen, und unsere Verteidigung schwindet. Dann kommen die Fehler und Beschränkungen, die wir selbst nie gesehen oder immer versteckt haben, für unsere Freunde, Angehörigen, Kollegen und Ehepartner kristallklar zum Vorschein. Solche Schwierigkeiten deuten eigentlich darauf hin, dass unser Dienst oder unsere Beziehung gut läuft.

Sobald wir das Scheitern annehmen, wächst die Liebe. Wir wachsen nicht, indem wir darüber nachdenken oder sie uns wünschen, sondern nur durch die Erfahrung des Scheiterns.

Es gibt drei Stufen von Transformation, die sich wiederholen, wenn wir die spirituelle Leiter hinaufklettern. Die erste Stufe ist die menschliche Anstrengung: die Bereitschaft, die Einladung Christi in einen Dienst oder eine Beziehung anzunehmen. Die zweite Stufe ist das unausweichliche Ergebnis, wenn wir etwas tun, für das wir nicht ausgebildet oder vorbereitet sind: die Erfahrung des Scheiterns, echt oder eingebildet, im Verborgenen oder in der Öffentlichkeit. Die letzte Stufe ist der Sieg der Gnade. Wir können sie nicht vorhersagen, und wir können sie nicht fordern. Ganz plötzlich, nachdem wir auf dem Weg der Demütigung weitergegangen sind, verschwinden die Schwierigkeiten, und wir finden uns an einem ganz neuen Ort wieder. Die Erfahrung des Scheiterns hat uns gelehrt, wie wir leben und dienen sollen: in vollkommener Abhängigkeit von Gott.

Es gibt keinen Grund zur Begeisterung, nur weil wir einen bestimmten Dienst tun dürfen; es könnte im Wesentlichen ein Ergebnis natürlicher Begabung sein. Jubeln sollten wir vielmehr, weil unsere Namen im Himmel aufgeschrieben sind. Wir sind Teil von Gottes Plan, das menschliche Bewusstsein zu verwandeln. Unsere Erfahrungen des Scheiterns werden zur Kraftquelle, wie schon Paulus sagt: »Wenn ich schwach bin, dann bin ich stark.« Christus wird uns die Kraft geben, dem Volk Gottes uneingeschränkt zu dienen.

Andererseits: Wenn wir uns nur halbherzig oder kurzfristig auf einen Dienst oder einen Partner einlassen, dann geben wir der Dynamik der Selbsterkenntnis nicht genug Zeit, um sich zu entfalten. Diese Dynamik enthüllt ganz allmählich die dunklen Seiten unserer Persönlichkeit und unser falsches Selbst mit seinen egozentrischen Glücksprogrammen, die unmöglich funktionieren können.

In jeder Berufung reaktivieren Ereignisse und Menschen ständig unsere emotionalen Glücksprogramme und die damit verbundene Aufregung, sobald diese Programme frustriert werden. Eine solche Selbsterkenntnis ist keine Katastrophe, sondern die notwendige Voraussetzung für ihre Veränderung. Wenn sie abgebaut worden sind, funktioniert unser Dienst ganz von selbst. Denn sobald wir von den Hindernissen von Stolz und subtilen Formen des Egoismus befreit sind, die das System des falschen Selbst am Leben erhalten, kann der Geist Gottes in uns wirken.

Die zweiundsiebzig Jünger kamen voller Begeisterung über ihren Erfolg zum Herrn zurück und erwarteten, dass er ihnen auf die Schulter klopfte. Und alles, was er sagte, war: »Jubelt nicht so sehr über die Wunder. Jeder, der ein bisschen psychische Kraft hat, schafft so etwas. Was wirklich zählt, ist die Tatsache, dass ihr Teil von Gottes Plan seid. Jubeln solltet ihr darüber, dass ihr auserwählt seid, göttlich zu werden und mir dabei zu helfen, das Bewusstsein der Welt zu verändern.«

Anhang 1: Der Rosenkranz

Die freudenreichen, schmerzhaften und glorreichen Geheimnisse des Rosenkranzes sind Geheimnisse des göttlichen Lichts, des Lebens und der Liebe, die die Liturgie vom Advent bis Epiphanie, von der Fastenzeit bis zum Himmelfahrtsfest und von Pfingsten an durch den gesamten Jahreskreis feiert. Weihnachten ist das Fest des göttlichen Lichts, und an Epiphanie gelangt es zur Fülle. Ostern ist das Fest des göttlichen Lebens und erreicht seine ganze Fülle am Himmelfahrtsfest. Pfingsten ist das Fest der göttlichen Liebe, und der Rest des Jahres bringt diese Liebe zum Ausdruck. Die Offenbarung von Licht, Leben und Liebe wächst proportional zu Glauben, Hoffnung und Nächstenliebe – und umgekehrt.

Der Rosenkranz ist eine Schule des kontemplativen Gebets. Während Lippen und Hände mit den Perlen beschäftigt sind und der Geist über die Geheimnisse nachsinnt, erwacht die Gegenwart Christi in unserem Inneren, und wir ruhen in seiner Gegenwart. Ob wir uns auf die Worte der einzelnen Gebete konzentrieren oder über die sich entfaltenden Geheimnisse nachdenken, wir werden auf jeden Fall in diese Ruhe hineingezogen. Dann lassen wir Worte und Gedanken zurück und genießen die Gegenwart Christi. Wenn das Gefühl seiner Gegenwart wieder schwindet, kehren wir an die Stelle in den Gebeten und Gedanken zurück, wo wir aufgehört haben. Auf diese Weise bewegen wir uns auf der Leiter des innerlichen Gebets hinauf und hinunter und gestatten es der Gewohnheit der Kontemplation, sich zu entwickeln. Und dann fließt die Kontemplation ganz allmählich in unser tägliches Leben über und vergrößert unsere Freude an Gottes Gegenwart, bis sie das ganze Leben erfüllt.

Anhang 2: Kontemplative Liturgie

Für Angehörige kontemplativer Gemeinschaften ist eine Feier der Eucharistie in kontemplativer Umgebung und Form außerordentlich erfrischend. Geteiltes Schweigen ist echte Liturgie. Die Praxis des äußeren und inneren Schweigens als integraler Bestandteil der Liturgie sollte wiederhergestellt werden. So wie das Wort Gottes aus dem Schweigen des Vaters aufsteigt, so sollten die heiligen Texte der Liturgie aus dem Schweigen der Gemeinschaft aufsteigen. Genau dann entfalten sie ihre ganze Wirkung.

Um eine Gemeinde darauf vorzubereiten, in dieser Weise Gottesdienst zu feiern, ist es hilfreich und wohl auch notwendig, einen Übergang zu schaffen zwischen unseren äußeren Aktivitäten und Beschäftigungen und dem inneren Heiligtum unserer Herzen. Die Kommunität von Taizé hat Gesänge entwickelt, die in vielen Sprachen vorliegen. Wenn die Gemeinde diese Gesänge fünf oder zehn Minuten zu Beginn der Liturgie singt, vorzugsweise vierstimmig, dann kann daraus eine passende Atmosphäre der Sammlung und des Gebets entstehen.

Nach jeder Lesung sollte ein zehnminütiges Schweigen folgen. Nach dem Empfang der Eucharistie könnte ebenfalls eine Phase des gemeinsamen Schweigens eingeschoben werden, bis zu zwanzig Minuten, je nachdem, wie viel Zeit der Gottesdienstgemeinde zur Verfügung steht. Choräle und gesungene Erwiderungen werden ausgelassen, und die Bewegungen werden auf ein Minimum reduziert. Wenn die Gruppe klein ist, kann es hilfreich sein, um den Altar zu sitzen, um die Atmosphäre der Sammlung und des Schweigens zu erhalten.

Die Texte werden langsam und ausdrucksvoll gelesen. Die Gesten des Zelebranten und die Worte des eucharistischen Gebets werden mit äußerster Ehrfurcht und Schlichtheit ausgeführt und gesprochen. Eine kurze Predigt kann die Gemeinde einladen, die Gegenwart des Auferstandenen unter ihnen und in ihnen zu entdecken und zu teilen.